読みなおす日本史

源頼朝と鎌倉幕府

上杉和彦

吉川弘文館

はじめに

八年ほど前、「源頼朝《みなもとのよりとも》の肖像」として有名な神護寺《じんごじ》所属の画像が、実は頼朝を描いたものではなく、足利直義《あしかがただよし》（尊氏《たかうじ》の弟）を描いたものであるとする斬新な学説が発表され、美術史・日本史の学界に衝撃を与えた（米倉迪夫『源頼朝像』）。この新説にはたちどころに反論がなされ（宮島新一『肖像画の視線』など）、現在でもなお論争は未決着であるといってよい。肖像画の歴史にまったくの素人である筆者は、この論争に関する発言権を持たないが、学界関係者の間のみならず、日本中世史の分野では珍しく社会的関心を呼んだ論争の展開に大いに興奮したことを、今でも鮮明に覚えている。

肖像画の対象として信じられてきた人物が、実は別人である恐れが出てきた……こうしたことは、時おり起きる話なのだが、「頼朝像」の場合ほど多くの人の注目を浴びたケースは他にないだろう。源頼朝は、それほどにまでよく知られた人物である。そして、源頼朝を有名にした歴史上の出来事とは、いうまでもなく彼が鎌倉幕府《かまくらばくふ》を開いたことである。

鎌倉幕府は、十二世紀後半、治承《じしょう》・寿永《じゅえい》の内乱の中で東国《とうごく》社会に生まれ、源頼朝がこの内乱に勝利したことで全国政権として成立し、日本史上に揺るぎない位置を占めることとなった権力体である。

鎌倉幕府を生み出した戦乱である治承・寿永の内乱とは、後白河《ごしらかわ》上皇の皇子である以仁王《もちひとおう》が、平氏打倒を諸国の武士や有力寺院の呼びかけたことをきっかけに、全国規模で平氏方の軍勢と反平氏方の軍勢が激突して展開した戦乱（いわゆる源平合戦）であった。

以仁王が反平氏の挙兵を呼びかけた一一八〇年（治承四）四月の朝廷では、形式的には、この年二月に安徳《あんとく》天皇に譲位した高倉《たかくら》上皇の院政が行なわれていたが、実質的に朝廷の政治は、清盛《きよもり》以下平氏一門の専制政治の下にあった。一方、源頼朝は、謀反《むほん》人の子として伊豆国に住む流人にすぎなかった。この頼朝によって、わずか五年足らずのうちに平氏政権は崩壊し、新たな武家政権が生み出されるのである。歴史上まれに見るこのような激変が生じた背景と要因には、実にさまざまな事柄があげられ、また後世の歴史に計り知れない大きな影響を与えたことは容易に推察されよう。

本書は、鎌倉幕府成立という出来事を、日本における古代から中世への政治社会の移行過程に位置づけて把握する視点から、十世紀の将門《まさかど》の乱から十三世紀の承久《じょうきゅう》の乱までの三百年近い期間を叙述対象としながら、鎌倉幕府成立の歴史的背景およびその具体的事実経過を説明し、さらに鎌倉幕府権力の構造と特質や後世への歴史に対する影響を論じることを目的としている。

本書がとくに重視した点は二つある。一つは、古代以来の東国と源氏武士団の結びつきという歴史的背景が、さまざまな政治情勢と結びつくことで鎌倉幕府成立にいたる過程を、可能な限り具体的にわかりやすく叙述することである。もう一つは、たんに政治家頼朝の事績や公武交渉の経過から説明するのではなく、主に東国の在地武士団がくりひろげた自己の権益を維持発展させるための闘争の結果として、鎌倉幕府成立の要因を説明することである。

頼朝の行動ばかりではなく、鎌倉幕府成立前史の叙述にも重点をおいたために、『源頼朝と鎌倉幕府』と題したこの本の中には、頼朝挙兵の話が登場する以前の史実を描く二つの章（第一章・第二章）が立てられている。これら二つの章の叙述から、平安時代中後期の歴史の中に、多くの偶然的要因をともないながらも、鎌倉幕府成立という事実を生じさせた契機があったことを確認していただきたい。

第三〜五章は、いわゆる治承・寿永の内乱とよばれる、平氏の政権が打倒され源氏の幕府が成立するにいたる激動の歴史の叙述である。

また、第六章では、鎌倉幕府成立という出来事が持つ歴史的意味をさぐるべく、頼朝没後の幕府の動向について頼朝の妻北条政子《ほうじょうまさこ》を中心に述べ、さらに終章において、本編の叙述をふまえた形で、鎌倉幕府観の歴史的変遷を論じている。

日本史研究において、鎌倉幕府成立の問題は、古くからさまざまな関連史料が検討され、多くの議論が積み重ねられ、そしてもっとも激しく論争がたたかわされてきた分野の一つである。もはや新鮮な論点など見出しがたいかに思われるテーマであるが、本書では、学界の共有財産となっている多くの古典的学説とともに、今後さらなる議論の展開が予想される新鮮な問題提起についてもいくつか紹介していきたいと考えている。

＊

「わかりやすく書く」ことをめざした代償として、本書の中で何らかの歴史事実を述べる時、その典拠となる史料をすべて記すことはせず、とくに重要なもの、あるいは史料の性格自体を論じる必要がある場合のみ具体的に記すという方法をとっている。具体的に史料名をあげたものについては、巻末の参考史料一覧を参照されたい。また、先行研究の成果については、叙述の中でとくに重要と考えた場合に著者名・著作名・論文名などを本文中に明記しており、くわしくは、やはり巻末にまとめた参考文献一覧を参照していただきたい。

目 次

第一章　平安時代の東国における戦乱

一　古代日本の「東国」

治承・寿永の内乱における源氏方の勝利という出来事は、東国を基盤とした武士団（＝源氏）が西《さい》国《ごく》を基盤とした武士団（＝平氏）を打倒した出来事、と言い換えることができる。そして、鎌倉幕府とは、東国の武士が東国に樹立した政権であるから、その本質の理解には、東国という地域の特質の認識が欠かせない。本書の冒頭にあたるこの章ではまず、十二世紀末という時点で鎌倉幕府が成立した歴史的背景を、時間をさかのぼらせて、東国における武士の活動と朝廷との関係の問題からさぐっていきたい。

日本列島における「東国」の定義を、古代にまでさかのぼって検討すると、広範囲の領域である「東海道・東山道・北陸道の総称」（＝本州の近江以東にほぼ相当）を指すもの、および、それより狭い領域に相当する、いわゆる「坂東《ばんどう》八カ国」（武蔵・相模・安房・上総・下総・常陸・上野・下野）を示す

0 100 200km
北陸道
東山道
東海道
厨川柵
秋田城
志波城
陸奥
出羽
胆沢城
平泉
桃生城
多賀城
佐渡
能登
越後
越中
加賀
白河関
菊多関
飛驒
越前
上野
下野
信濃
若狭
愛発関
常陸
石井
丹波
不破関
美濃
甲斐
武蔵
近江
山城
鈴鹿関
尾張
三河
駿河
下総
相模
伊賀
遠江
上総
伊勢
伊豆
大和
安房
志摩
紀伊
畿内・七道の境
国の境
おもな交通路
国府
城柵
関

古代日本の東国

ものという、二つがあったことが知られる。また、東国と関わりの深い「関東」という語は、本来、鈴鹿関（伊勢国）・不破関（美濃国）・愛発関《あらちのせき》（越前国）の三関《さんげん》より東の地域を意味していたが、時代がさがるにつれ、その対象は東へと移動し、現在では「坂東八カ国」とほぼ同じ領域を指すようになっているのは周知のことだろう。

ここでは、以上のように広狭二様に分かれる「東国」に、共通した意味合いが存在することを確認しておきたい。それは、朝廷支配の中心地が置かれた「畿内《きない》」や、朝廷の支配下に長くあり続けた「西国」とは異質な世界として朝廷の人々に意識されていた、という点である。

朝廷権力は、時代の経過とともにその支配領域を東に広げていったため、常に、東方における「いまだ支配下に組み入れていない未開な地域」の存在を意識し続けた。従って、「東国」の指す領域が、実態的に、あるいは地理的に変化したとしても、それに対する朝廷支配層の特殊な意識は、長く変わらずに維持され、伝統的観念となったのである。

異質なものとしての「東国」

異質なものとして理解された東国の特質とは、具体的には何であろうか。

まずあげるべきことは、古くから日本の朝廷に強大な軍事力をもたらす地域として存在した点である。

よく知られているように、律令国家が九州地域の警護に派遣した防人《さきもり》は、主に東国出身者の中から徴発されている。また、軍団兵士制廃止後に置かれた健児《こんでい》（郡司《ぐんじ》の子弟など在地有力層の子弟よりなる少数精鋭の騎兵）も、全国レベルで見たときに東国での徴発数が多いことが知られている。八世紀に天皇の親衛軍として置かれた授刀舎人《たちはきのとねり》も、多くの東国出身者で構成されていたと推測されている。

東国は、騎馬と弓射の技術に長けた「兵」を多く生み出す地であった。また稲荷山の鉄剣に象徴されるように、良質な鉄を産出し、国営牧場にあたる官牧《かんのまき》が多く置かれたことが示すように、優秀な馬を都に送り出す地でもあった。いわば東国は、朝廷あるいは国家を守護する力の主な供給源というべき地域だったのである。

一方で東国は、朝廷内部の「謀反」との深い関わりを持つ地域でもあった。壬申《じんしん》の乱（六七二年）で、天智《てんち》天皇の子・大友《おおとも》皇子の近江朝廷に反旗《はんき》を翻《ひるがえ》した天智天皇の弟・大海人《おおあま》皇子（天武《てんむ》天皇）は、東国の兵力に依存して勝利を収めており、平安時代に入ってから起きた、薬子《くすこ》の変（八一〇年）や承和《じょうわ》の変（八四二年）といった政争でも、時の権力に反乱を企てる者が東国をめざして行動する（あるいは、そう疑われる）事態が生じている。また、謀反という事例にはあたらないかもしれないが、厩戸《うまやど》王（いわゆる聖徳太子）の子である山背大兄王《やましろのおおえのおう》が蘇我《そが》氏によって攻められた時、王は東国に逃げて反撃に出ることを試みている。「謀反」というのは、あくまで「正統な権力」から見た一方的表現にすぎず、要するに古代の朝廷内部で武力抗争が起きた時、東国は常に重要な戦略拠点となる可能性をはらんでいたのである。

すなわち、東国のもう一つの特殊性とは、「国家権力に対する外からの脅威」と深い関わりを持っていたことであった。平安時代になると、対新羅《しらぎ》防備に代わって律令国家の最重要軍事課題となっていったエミシの服属問題との関係から、東国地域は、最前線地域として常に軍事的緊張状態に置かれていた。いったん朝廷への服属を誓ったエミシである俘囚《ふしゅう》が東国で起こす反乱も、しばしば朝廷を悩ませた。そのため、律令制度の及ぶ北限として、長く朝廷と軍事的緊張関係にある陸奥国・出羽国とそれに近接する国々の受領《ずりょう》となった貴族には、とりわけ軍事面での高い統治能力が求められた。

受領について、簡単に説明しよう。

奈良時代の血なまぐさい兵乱を経て、平安時代に入ると、天皇を中心とする朝廷貴族社会に、薬子の変・承和の変・応天門《おうてんもん》の変（八六六年）といった政治闘争を勝ち抜いた藤原北家《ほっけ》（不比等《ふひと》の子房前《ふささき》に始まる藤原氏の一流）を頂点とする身分序列が成立するようになった。それにともない、中央政界での官職の上位を占める一族が固定され、そこから排除された多くの貴族たちは、新たな栄達の場を地方社会に求めざるをえなくなった。このような状況の中で、受領（任国に赴任した国司の中の最高責任者。通常は守《かみ》）として一国の支配の実権を掌握することとなった中央貴族は、任国に下向《げこう》後、大規模な土地の開発による所領経営を展開し、在地土豪と婚姻関係を結んで、その拠点を地方社会に移すようになっていったのである。

平安時代に入った九世紀末から十世紀前半にかけて、全国各地で、受領に対する襲撃事件が多く発生し、また盗賊による官物《かんもつ》（朝廷の徴税物資）の強奪が繰り返されたが、東国はそれが頻発する地域であった。東国では、「僦馬《しゅうば》の党《とう》」と称される馬を利用した運送業者による略奪行動が跡を絶たなかった。「党」とは、平安時代の中期より見られるようになった、地縁的つながりを持つ中小武士団の呼称で、とくに反体制的行動をとる存在として意識されていた。

東国は、国家秩序の回復と治安維持のための頼もしい武力の供給地であるとともに、支配秩序を攪《かく》乱《らん》する要因を生じさせる地という、朝廷にとって相反する二つの意味を持つ地域だったのである。また経済的問題について見ると、東国は、朝廷に貴重な富をもたらす地であったが、それだけに官物の略奪事件が頻発し、租税徴収の問題に関する難題を朝廷に投げかける地でもあった。

東国の受領たちは、体制に抵抗する武装集団を力で押さえつけるだけでなく、時に、国衙《こくが》（国を統治する役所）機構内の地位を与えることで彼らを懐柔《かいじゅう》し、公的支配体制に組み込む手段をとった。彼ら武装集団は、「兵」（つわもの）とよばれる、いわば戦闘のプロで、武士の源流の一つに位置づけられるものである。また受領の多くが、現地での自立した支配を志向するようになったが、そのためにも、大規模な農業経営を展開し、武装勢力として成長していた現地の土豪たちを組織することが必要となった。

以上のような事情から、東国の諸国の統治を委《ゆだ》ねられた受領たちには、治安を維持し、朝廷への納税の義務を果たすため、盗賊や反乱者たちをとりしまるに十分な武力を駆使することが、とくに求められるようになったのである。

二　承平・天慶の乱と武士身分の確立

受領による武士団の組織化がとくに顕著にすすむようになった平安時代中期の東国では、土着の武士勢力が、みずからの生活の基盤である所領の支配などをめぐり、時に激しい武力抗争をくりひろげた。

十世紀前半の東国で、そのような抗争に端を発し、朝廷への反乱にまで拡大する事件が起きた。平将門《たいらのまさかど》の反乱である。これこそ、東国の武家政権である鎌倉幕府成立の長い前史の始まりとなるものであった。

平将門の祖父高望《たかもち》は、桓武《かんむ》天皇の曾孫にあたり、平姓を賜った人物である。高望は、武芸に秀で、九世紀の末頃、朝廷に謀反を企てた者を追討した功績により、上総介《かずさのすけ》（上総国は、上野国・常陸国とともに親王が名目的に守となる国とされており、介《すけ》が受領にあたる）に任じられ、関東に下り、土着して現地の武装勢力を従えるようになった。彼は、いわば東国武士の草分けの一人である。

高望の子平良持《よしもち》（良将《よしまさ》とも）もまた武者としての名声が高く、鎮守府《ちんじゅふ》将軍（東北のエミシを鎮圧するために多賀《たが》城、後に胆沢《いざわ》城に置かれた鎮守府の長官）に任じられた。良持の根拠地は下総国にあり、その地で多くの所領を経営していた。

良持の子将門は、父の没後、その根拠地を継承し、下総国猿島《さしま》郡・豊田郡・相馬郡にわたる広域を支配するようになった。

将門は、武力と経済力を背景に東国で自立的支配を展開する一方で、若いころより、藤原北家の嫡流で摂政（後に関白）・太政大臣をつとめる藤原忠平《ただひら》に名簿（「みょうぶ」と読む）を捧げて主従関係を結び、忠平の家人《けにん》となっていた。名簿とは、名が書き記された文書で、主従契約が取り結ばれる際に従者から主人へ提出されるものである。このように中央政権の要人と主従制的関係で結びつく武士のあり方は、この時代には一般的なものとなっており、武家の政治力がきわめて大きなものとなる後世の段階まで維持される、武士の存在形態の一つの特徴であった。

さて、その将門が、史上空前の反乱行為を東国で展開するに至った背景とは、どのようなものであったろうか。乱の経過を概略的に説明してみよう。

承平・天慶の乱の経過

将門は、父良持の遺領の問題などをめぐって、叔父の平国香《くにか》・良兼《よしかね》・良正《よしまさ》たちと長く勢力争いを続けていた。また、良兼の娘と将門の結婚の問題をめぐるトラブルも、争いの要因となっていたと推測される。このような一族間の武士の争いは、当時全国各地で見られたと思われるが、将門を巻き込んだ、関東に基盤を持つ桓武平氏流武士の同族間の争いは、きわめて規模の大きなものであった。

この争いが激化した結果、九三五年（承平《しょうへい》五）二月に将門は、国香およびその舅《しゅうと》である源護《まもる》の三人の子、扶・隆・繁を殺害してしまう。さらに将門は、叔父の良正の軍をも常陸国で破る。国香の子で、当時京都にいた貞盛《さだもり》は、父の仇を討つべく関東に下り、これに呼応した平良兼と源護とともに、九三六年に将門を攻めるが、逆に下野国で将門に大敗してしまう。

戦闘行為ではなかなか将門を打ち負かせない源護は、これ以前に、将門の所行《しょぎょう》を朝廷に訴え、将門の処罰を要求していた。いわば法廷闘争に活路を見出さんとしていたのである。しかし、将門はここでも先手を打って、九三六年十月に上洛して、一連の行動に関する弁明を朝廷で行ない、翌九三七年四月に、大赦を名目に帰国が許される。藤原忠平のような政治的実力者との結びつきにものをいわせた、事実上の「無罪判決」の獲得と評価すべき結果である。こうして将門と一門の抗争の舞台は、再び関東の合戦の場へ移ることとなった。

ところで、ここまでの将門の行動には、客観的には反乱という要素はなく、「私戦」すなわち武士相互の私的利害の対立による抗争が、朝廷の裁決にまで持ち込まれる事態に発展したにすぎない。根本的な情況の変化は、国司と対立する関東の有力豪族が、一族間での合戦で明らかになった将門の強大な武威に依存する動きが現われることによって生じた。

前述の通り、この頃全国各地で国司と土着地方豪族の対立が進んでいたが、九三九年（天慶《てんぎょう》二）、将門は、武蔵国の国司である権守興世王《おきよおう》・介源経基《つねもと》と足立郡司武蔵武芝《むさしたけしば》との間の争いに介入した。この争いの原因は、国司が租税徴収の確保のために足立郡内への巡検を強行し、これに土着の豪族である武蔵武芝が反発したことだった。

将門の介入による紛争の解決が図られつつあったころ、経基が、将門・興世王、さらには武芝が謀反を企てていると朝廷に訴えた。将門は、事実無根であるとして再び弁明を企てたが、父の敵討《かたきう》ちに執念を燃やす平貞盛は、将門を朝廷に召喚する内容の命令書をたずさえ、関東へ下る。こうして、関東の桓武平氏流武士団相互の私戦は、「謀反を起こした将門」対「朝廷より謀反人追捕《ついぶ》を命じられた貞盛」という対立の構図へと変化し始めた。

将門の立場をより明白に「謀反人」としたのは、やはり国司との対立を深めていた常陸国住人藤原玄明《はるあき》が、常陸国を追われて、将門の援助を求めてきたことである。この援助要請に応える形で、九三九年十一月、将門は玄明とともに、常陸国府を攻略する。なおこの時、常陸国府には、将門に追われた貞盛がいた。将門の行動は、まぎれもない国家権力への武力反抗となった。

将門の「新皇即位」

もはや後戻りできなくなった将門は、武力による関東全域の支配に乗り出し、下野・上野などの各国府を攻略する。上野では、国司を追放した後に「新皇《しんのう》」を名乗り、坂東諸国の国司を新たに任命する。将門の反乱を描く、軍記物語の草分けの一つとされる『将門記《しょうもんき》』によれば、将門の「新皇即位」は興世王にそそのかされたものとされるが、ともかくも、「東国の天皇」の出現という驚嘆すべき事態の到来である。将門は下総国に帰還し、同国石井《いわい》に「王城」を構える。これはいわば、東国の都ということになる。

将門は、東国を支配するために、京にいる天皇とは別の新たな権威を主張する必要に迫られたのであり、日本国全体に君臨する究極の権威としての天皇の存在を否定したわけではなかったと思われる。従って、完全な意味での「坂東独立」を将門がめざしたわけではなかったともいえるが、朝廷の人々が、日本の国を二つに引き裂くものとして将門の行為を見たとしても、それは無理からぬところである。

将門は、石井などの営所《えいしょ》とよばれる軍事拠点を維持しながら、直属する武力とともに、「伴類《ばんるい》」と称された同盟勢力としての武士団を従え、良質の馬・鉄に恵まれた屈強な武装集団を組織していた。また将門は、大農場主として隷属させる農民たちをも、時に武力として組織した。

将門の武士団は、一時的な同盟関係によって多くの武士を組織していた点など、たとえば後世の戦国大名の強固に組織された武士団とは質を大きく異にするものであったが、将門をめぐる争いは、強力な東国武士団相互の抗争であっただけに、激烈なものとなり、朝廷社会を恐怖と不安の坩堝《るつぼ》と化したのである。

九四〇年（天慶三）、朝廷は全力をあげて、将門の鎮圧に乗り出す。謀反人追討の最高責任者である征東《せいとう》大将軍に藤原忠文《ただふみ》が任命され、その指揮下に入る追討使に、押領使を兼ねる八人の関東諸国の掾《じょう》（三等官）が任じられた。その中で、将門の追討に成功したのは、藤原秀郷《ひでさと》と平貞盛であった。藤原秀郷と平貞盛の攻撃を受けた将門は、敗走を重ね、二月に猿島郡で討ち死にする。

藤原秀郷は、下野守村雄《むらお》の子で、「田原《たわら》」という地を本拠地としていたことから、俵藤太《たわらとうた》と称された人物である。代々下野国に勢力を有した武士で、将門などと同様の、受領から東国土着の武士となった一族出身の人物である。秀郷は、その所行を国司に糾弾されたこともあり、ある意味で将門に類似する立場にあった武士であるともいえる。

平貞盛については、もうくりかえす必要はないだろう。追討使に任じられたことで、貞盛の行動は、国家より命じられた「朝敵」に対する討伐行動となり、そのような公的な任務遂行の形で、彼はようやく父の敵討ちに成功することができたのである。武士の戦いの歴史には、敵討ちが戦闘のモティベーションとなっていることがきわめて多く、素朴な事柄ながら、武士の行動特性の特徴として重要な意味を持つ。鎌倉幕府を生み出した治承・寿永の内乱の過程でも、敵討ちは重要なキーワードとなっている。

藤原純友の乱

将門の戦いが東国でくりひろげられている頃、朝廷の貴族たちを震えあがらせたもう一つの出来事が、瀬戸内海地域で発生していた。藤原純友《ふじわらのすみとも》の乱である。

平安時代中頃の瀬戸内海では、有力農民が租税負担を逃れ、さらに徒党を組んで船を襲う活動が見られる。いわば「海賊」の横行である。朝廷は、その対策に苦慮し、武力にすぐれた貴族を瀬戸内海地域の国司に任じて事態の収拾につとめた。藤原北家の傍流出身の藤原純友は、伊予掾に任命されて海賊退治を期待された一人であったが、逆に彼自身が伊予国日振《ひぶり》島を拠点に、国衙に反抗する富豪層・農民・漁民の小集団を武力として組織し、海賊活動を始めるようになった。

当初朝廷は、純友に従五位下を与えて懐柔《かいじゆう》策をとったが、効果はなく、ついに藤原忠文・小野好《おののよし》古《ふる》に純友追討を命じるに至った。

藤原忠文は、将門の乱の鎮圧を命じられた人物としてすでに登場したが、将門追討の手柄は藤原秀郷と平貞盛に奪われた形となり、恩賞を与えられないという屈辱的な体験をした人物である。小野好古は、能書家として知られる道風《みちかぜ》の兄で、弟とは対照的に「武勇の人」として知られていた。

純友は大宰府を襲った後、博多津で忠文・好古等の追討軍との決戦に臨んだが、敗れ、伊予に脱出後、捕らえられ討たれている。

実際には将門と純友との間での連携はなかったのだが、朝廷の人々は、ほぼ同時に発生した将門の反乱と純友の反乱を、東西呼応したものととらえ、底知れぬ恐怖におびえた。

こうして、将門の主観あるいは微妙な事態の推移の実態とは相対的に別個に、将門の乱という出来事は、「東国の武士による独立をめざした反乱」として、天皇や貴族たち、そして東国社会を中心とする社会の人々の記憶装置に刻み込まれていったのである。

将門信仰

衝撃を受けた天皇や貴族たちは、これ以後、東国の武士の動向に対する過度な憂慮の念にとらわれるようになった。反乱への恐怖から、貴族たちの神仏への依存度が高まり、石清水《いわしみず》八幡宮臨時祭の恒例化や天皇の賀茂《かも》社行幸の開始といった影響があらわれている。また一方では、社会の中に、朝廷に歯向かった東国の勇将将門に対する、恐怖と畏敬の念が合い交わった崇拝の観念が生まれ、「志なかばで無念の死を遂げた将門の怨霊《おんりょう》」の祟《たた》りを鎮めるための信仰が生み出されていく。

伝統的に東国を「脅威の地」と意識してきた朝廷支配層は、将門の反乱にあらためて強い恐怖をおぼえ、東国をはじめとする辺境での反乱に対応しうるだけの強力な体制作りに乗り出す。朝廷は、謀反などの重罪人の追捕に武士を動員し、朝廷より権限を与えられた武士は、みずからの家人を駆使して任務の遂行にあたるとともに、国内の「武勇輩《ぶゆうのともがら》」に対する動員権を持った。こうして、国家的身分としての武士団が確立し、主従制に編成された武士団が、朝廷の地方支配機構の中でますます重要な位置を占めるようになったことで、武士団の台頭の基盤が固められたのである。

それでは、具体的にどのような者たちが、以上のような国家によって身分として編成される武士団となったのだろうか。それは、他ならぬ承平・天慶の乱の鎮圧過程で、将門や純友の鎮圧に功のあった武士たちであった。

すでに十世紀初頭の延喜《えんぎ》年間頃より、謀反人追討の勲功者とその子孫に対する特別の待遇が見られたが、将門・純友の乱での「朝敵」を追討する戦いで功績をあげた者およびその子孫のみが、国家権力と社会が認知する武士として発展をとげていく（下向井龍彦『武士の成長と院政』）。中世の武士の祖先伝承には、将門・純友の乱にさかのぼるものがきわめて多く、軍記物語に見られる合戦の場面での「氏文読み《うじぶみ》」（父祖の武士の武功を語ること）の中で、将門追討での手柄が必ずといっていいほど強調されることに、そのことがよくあらわれている。

国家的身分として定着した武士たちの多くは、衛府《えふ》官人や検非違使《けびいし》といった武官として平安京の警備にあたり、滝口《たきぐち》の武士として内裏の警護にあたった。また武士たちは、国家のための戦いに対する勲功の推挙を期待して貴族を主人とし、その身辺警護にあたった。こうして、地方での所領経営に生活基盤を置くだけではなく、平安京を活動の場とする武士も現われるようになり、平安京の治安維持の上でも武士の果たす役割は大きなものとなっていったのである。

三　十一世紀東国の戦乱と清和源氏

すでに読者はお気づきかも知れないが、十世紀の東国における戦乱と武士団の活躍に関する叙述の中に、源氏の武士が活躍する話はあまり出て来なかった。もちろん将門追討に加わった源氏の武士はいたし、東国の受領となった源氏の武士も少なくない。平国香と縁戚関係を持っていた源護の一族も

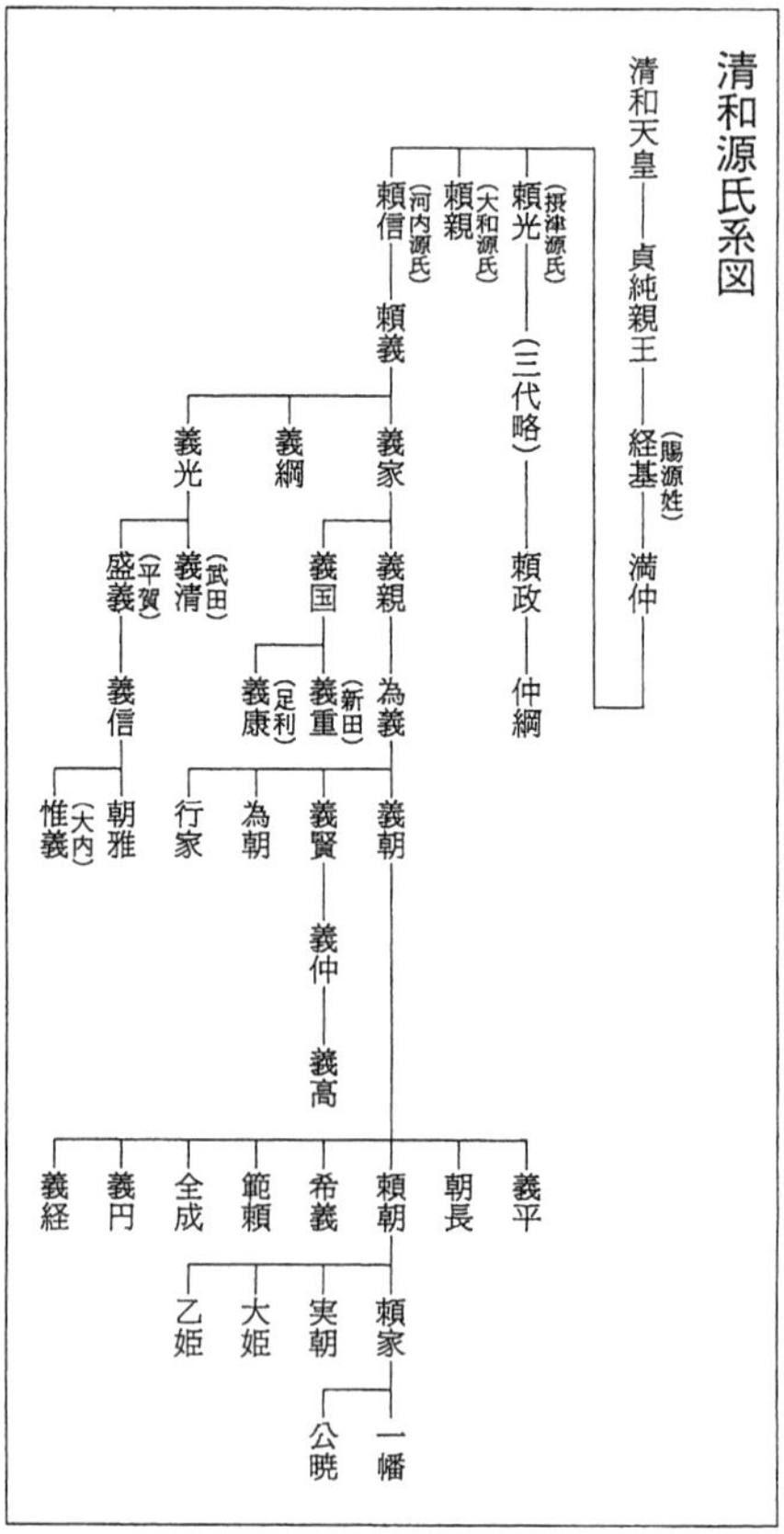

清和源氏系図

その中に数えることができる。

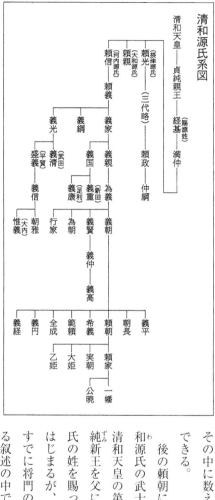

後の頼朝に連なる清《せい》和《わ》源氏の武士の歴史は、清和天皇の第六皇子貞《さだ》純《ずみ》新王を父に持ち、源氏の姓を賜った経基にはじまるが、経基は、すでに将門の乱に関する叙述の中で、将門の調停を受けた武蔵国司として登場している。経基は、軍事的才能を期待された東国の国司としては、やや器量が不足していたようで、『将門記』は、彼のことを「いまだ兵の道に練れず」と記している。ただし、後に彼は将門追討の軍に加わり、純友の乱に際しては、追討軍の副責任者としてその任を全うし、武芸にたけた一族の歴史の基礎を築いている。

だが、将門や貞盛たち桓武平氏流の武士の活躍に比べた時、頼朝が鎌倉に幕府を開くことを予感させるような東国と源氏の特別の関係は、十世紀の段階では必ずしも十分に見出すことができない。実は、経基にはじまる清和源氏の武士たちが、はじめに本拠地としていたのは、都に近い畿内地域であった。

安和の変

経基の嫡男である満仲《みつなか》は、摂津国多田を拠点として、朝廷の警護にあたるなど、京を活動の場としていた。この満仲の存在を貴族社会の中に大きく印象づけたのは、いわゆる藤原氏の他氏排斥事件の最後となる、九六九年（安和二）に起きた安和《あんな》の変《へん》である。

この変は、醍醐《だいご》天皇の皇子で左大臣の地位にあった源高明《たかあきら》が、謀反の罪に問われ失脚した事件である。高明は、才覚に恵まれた人物で、その娘は村上天皇皇子為平《ためひら》親王の妃となっており、天皇の外戚となって、当時朝廷政治の実権を握っていた藤原忠平たち藤原北家嫡流の地位をおびやかす立場にあった。そのために、藤原氏が高明の排除を意図して、陰謀をでっちあげたというのが、この変の真相と思われる。

この安和の変の始まりとなったのは、源満仲による陰謀の密告であった。藤原氏のためにきわめて大きな貢献をした満仲は、厚遇され、ここに藤原摂関家と清和源氏流武士団の強い結びつきが生まれることとなった。

なお、高明に連座して処分された人物の中に、藤原千晴《ちはる》がいた。千晴の父は、将門追討における最大の功労者の一人である藤原秀郷である。秀郷の子孫からは、歴史にその名をとどめる有力な武士が多く出ているが、武士団形成の歴史の当初に、このような政治的陰謀の責任を問われたことは、やはり大きな痛手となった。安和の変が災いして、全国規模の武家の棟梁が秀郷流から生まれることはついになかった。このような変の結果を見れば、満仲の密告は、藤原氏にとりいるためだけでなく、競合する武士の追い落としの意図によるものであることも否定できないだろう。

満仲の三人の子もまた、武勇に秀で、所領基盤を畿内の国々に有しながら、平安京を主な生活の場としながら、摂関家に臣従してその警護にあたり、盗賊の逮捕などに際して武力を発揮する人物となっている。

満仲の嫡男である頼光《よりみつ》は、父の所領基盤を受け継ぎ、摂津源氏の祖となった。丹波国大江山に住む鬼神酒呑童子《しゆてんどうじ》を討ったという伝承で有名である。

満仲の次男である頼親《よりちか》は、大和守を歴任した経緯から、大和国を拠点とするようになり、その一流は大和源氏と称された。武士としての活動ぶりはまことに手荒で、「殺人の上手」と称され、大和国の一大宗教勢力である興福寺《こうふくじ》としばしば対立を起こしている。

満仲の三男である頼信《よりのぶ》は、河内守となったことを契機に、河内国石川郡に基盤を持ち、河内源氏の祖となっている。この頼信こそ、鎌倉幕府を開いた源頼朝の直系の祖にあたる人物である。

京において貴族のボディーガードの地位にあった源氏の武士の一流から、東国の武家政権を築き上げる人物を登場させる歴史の一大転換をもたらしたのは、十一世紀に起きた一連の東国での戦乱と、その中での頼信及びその子孫たちの活躍であった。

平忠常の乱

一〇二八年（長元《ちょうげん》元）、上総国の平忠常《たいらのただつね》が安房守惟忠《これただ》を殺害する事件が起きた。忠常は、平高望曾孫で忠頼の子にあたる武士で、上総・下総の国衙役人として現地で勢力を誇り、国司の支配に対抗する人物の一人であった。将門の乱鎮圧後も、所領経営の問題などをめぐって、上総・下総における武士団と国司との対立状況は続いており、その中でこの事件が起きたのである。

忠常の行動はしだいに拡大し、上総国衙を占領するにいたる。当時の朝廷の人々が、忠常の反乱の勃発によって、房総三国など「坂東」が「亡国」すなわち朝廷への租税徴収が不可能な国になってしまったと認識していたことが、貴族の日記などから知られている。

忠常は、反乱の意思はないことを朝廷に弁明したが、彼の行動に言い逃れの余地はなく、朝廷は、平直方《なおかた》・中原成通《しげみち》を追討使に任命して、反乱の鎮圧に乗り出した。平直方は、上総介維時《これとき》の子で、貞盛の曾孫にあたる武士である。また中原成通は、武士と呼ぶべき存在ではなく、司法行政に携わる文官の明法道《みょうぼうどう》の官人である。

系図（四七頁）に見る人間関係から理解できる通り、忠常と直方は、ともに東国に勢力を誇る桓武平氏流の武士の一族にあたり、実はすでに以前から、直方と忠常との間では現地での勢力争いが生じていた。従って、「同族間の私戦」から「謀反人と追討使との戦い」に変化したという意味で、乱発生後の直方と忠常との関係は、承平・天慶の乱における貞盛と将門の関係に等しいものになったということができる。

だが、追討使の直方と成通の関係の不和といった事情により、直方たちの追討はうまくいかず、一〇二九年、朝廷は成通を追討使から解任し、直方についても、翌一〇三〇年七月に、京への召還を決定する。そして九月、朝廷が新たな追討使に任命したのが、源頼信であった。

忠常は、上総国夷隅《いすみ》郡伊志見《いしみ》山に立てこもり、朝廷に対する敵対行動を続けていたが、直方たちに代わる追討使として源頼信が東国に下向してくるや、戦いをやめ、一〇三一年四月、頼信に降伏している。

実は、忠常が以前より臣従していた武士こそ頼信だったのである。対立する同族の武士に対しては徹底的に反抗を続ける忠常も、主人への帰順には大きな抵抗がなかったのであろう。

忠常は、頼信によって京都に護送される途中、病を得て美濃国で死去し、遺骸より切り取られた首が京に運ばれ、獄門にさらされている。なお、忠常の子孫は許され、その子孫から、頼朝の幕府開創に大きな貢献をした上総氏・千葉氏が発展していく。朝廷との関係では謀反人として処断された忠常であったが、東国武士としては、引き続き頼信の保護の下にその血統を存続させていくこととなるのである。

相模国鎌倉

忠常の乱は、先行する将門の乱、あるいは以後の東国を舞台とした戦乱に比べると、「朝敵」追討劇の規模が比較的小さく、目覚ましい合戦の場面にも乏しい。乱を描く説話は存在するものの、この乱を題材とする独立した軍記物語が成立しなかったことも、そのことの反映といえるかもしれない。

しかしながら、戦わずして東国の反乱を鎮圧した頼信の武威の名声が高まったことは、東国の武士の歴史に大きな影響を与えた。桓武平氏の武士直方が追討に失敗し、清和源氏の頼信が追討に成功したことで、東国における武士団統率の担い手が変化することとなったのである。

直方は、自分の娘と頼信の子頼義《よりよし》との婚姻を成立させ、「鎌倉の楯」すなわち鎌倉に持っていた自分の館《たち》を頼義に譲る。直方は、頼義の武芸とくに騎射の巧みさに感服して、娘との婚姻を強く望んだとされており、新たに東国の武士の上に立たんとする頼義に自分の血を混じえて結びつきを確保する一方で、東国支配を象徴する場としての鎌倉の地を与えたのである。

相模国鎌倉という地は、都から房総半島へ向かう交通の要衝にあたり、鎌倉郡衙《ぐんが》が置かれた、古代国家による東国支配の拠点の一つであった。後に頼朝がこの地に幕府を開くきっかけとなった清和源氏と鎌倉の結びつきは、この時にはじまり、またそれは、東国武士を率いる立場が、桓武平氏流より清和源氏へ移る画期ともなった。

安倍氏の台頭と前九年合戦

十一世紀の関東の戦乱状況は、陸奥・出羽へと広がり、その中で、東国における清和源氏の勢力は、さらなる拡大を見せていった。

律令国家成立後、陸奥国・出羽国という二つの国が建てられて建前上朝廷の支配に服することとなった本州東北部は、実質的には、列島中央部の人々より異民族視されていたエミシ（蝦夷。東北地方の住民に律令国家が与えた呼称）が住む「異国」である時期が長く続いた。陸奥国は、出羽国とともに、北方地域と朝廷を結びつけ、金・馬・毛皮など貴重な物資を朝廷に供給する重要な地域であり、奈良時代の朝廷は、武力による陸奥への進出を企て、鎮守府を置いて、武力による侵略・統治を試みる。

だが平安時代になると、朝廷は、武力討伐路線から協調路線へと北方の統治政策の転換をはかり、朝廷への物資の貢納とひきかえに、エミシたちの実効支配を認めた。その結果陸奥国では、多賀城に置かれた陸奥国府と胆沢城に置かれた鎮守府の統治の下で、奥六郡（陸奥国の胆沢・江刺・和賀《わが》・稗貫《ひえぬき》・斯波《しわ》・岩手《いわて》の計六郡）に集住する俘囚《ふしゅう》（朝廷に帰順を誓ったエミシ）による一種の自治が成立し、十世紀以降、一定の政治的安定状況が生まれるようになった。

俘囚の中の最有力者で、他の俘囚たちを率いた俘囚長《ふしゅうのおさ》の地位にあったのは、安倍《あべ》氏であった。奥六郡とその周辺を支配する安倍氏は、北方地域との金・毛皮・馬などの交易を独占し、豊富な財力を誇っていたが、頼良《よりよし》の代になって、朝廷への貢納を忌避する動きを見せ始めた。北方の富に強い関心を抱く朝廷（直接には陸奥国司）は、その動きを反乱行為とみなし、再び武力による強圧的な姿勢を見せ、一〇五一年（永承《えいしょう》六）、陸奥守藤原登任《なりとう》が安倍氏への攻撃をかける。ところが逆に、安倍氏の反撃を受け、鬼切部《おにきりべ》での戦いで頼良に敗れてしまう。安倍氏は、優秀な馬と刀に恵まれ、強大な軍事力を有しており、国司の率いる朝廷の正規軍では歯が立たなかったのである。

先に攻撃を仕掛けたのが国司の側であったとしても、朝廷にとって安倍氏の行為は、明白な反逆である。このような事態に朝廷の採る方策は、一つに決まっていた。東国の有力な武士団に「朝敵」追討を命じることである。朝廷は、平忠常の乱で功名をあげた源頼信の子頼義を、陸奥守兼鎮守府将軍とし、安倍氏の追討を命じる。

朝廷による追討命令が頼義に下されたことを知ると、安倍頼良はあえてこれと戦うことをせず、「よりよし」の音が同じであることをはばかって頼時《よりとき》に改名した上で、頼義を主として仕える道を選ぶ。東国での清和源氏流の武士の優越的な立場を受け入れた上で、みずからの権益を守ることを選択したのである。

だが、合戦を継続させたのは頼義の方だった。たまたま阿久利《あくり》川という場所で、陸奥国司関係者の人馬殺傷事件が起きると、頼義は、十分な調査もなく頼時の子貞任《さだとう》を犯人と断定し、その身柄引渡しを頼時に要求する。頼時がこれを拒み、衣川《ころもがわ》関を封鎖して抵抗の姿勢を見せると、頼義は、謀反人の追討を口実として、一〇五六年（天喜《てんぎ》四）に頼時追討の宣旨を得て、再び安倍氏との戦いを開始する。頼義と彼に従う武士たちにとって、戦闘での手柄により官位を獲得する機会の到来である。

だが、安倍氏の武力は強大で、一〇五七年に頼時が流れ矢に当たり鳥海柵《とりみのさく》で戦死した後、その子の貞任・宗任《むねとう》が数年にわたって頼義を大いに苦しめた。思うように追討が進まぬ頼義は、出羽国の俘囚である清原光頼《きよはらのみつより》・武則《たけのり》親子の加勢を得てようやく態勢を挽回し、一〇六二年（康平《こうへい》五）に安倍氏の本拠地である厨川柵《くりやがわのさく》を攻略し、安倍氏を全滅させた。貞任は戦死し、その首は京に運ばれ、宗任は捕虜となり、京に連行された。

合戦後の一〇六三年、恩賞として頼義は伊予守、義家《よしいえ》（頼義の子）は出羽守に任じられ、清和源氏流武士団の地位は高まった。さらに同年頼義は、平安京を守護する武神にして源氏の氏神である石清水八幡宮を、鎌倉由比《ゆい》郷に勧請《かんじょう》し、鎌倉を基盤とする源氏の東国支配の宗教的中心と定めた。これが、後の鶴岡八幡宮へ発展することとなる。一方、頼義の窮地を救った清原武則は鎮守府将軍に任じられ、安倍氏に代わる陸奥国の統治者となり、ここに新たな東北支配秩序が成立したのである。

前九年合戦《ぜんくねんかっせん》と称されるこの戦い（その名称の由来は必ずしも明瞭ではない。なお、別名を十二年合戦という）は、朝廷の命令による謀反人追討という外観にもかかわらず、本質は清和源氏流の武士による陸奥国侵略の戦争と評価せざるをえないだろう。この前九年合戦を描く軍記物語である『陸奥話記《むつわき》』に、「朝敵」安倍氏に同情的な叙述が見られ、その結果、頼義の行動が単純に英雄視されていない点には、十分に留意すべきである。朝廷の論功行賞の次元とは別に、この合戦の本質を見抜く人の眼が存在したのである。

後三年合戦

前九年合戦が終結して約二十年が経過すると、清和源氏と陸奥国との関わりから、再び合戦が起きた。

清原武則が鎮守府将軍となった後、清原氏は奥州の大豪族として発展したが、やがて一族に内紛が発生し、家衡《いえひら》と清衡《きよひら》が対立する事態が生じる。実は清衡は、前九年合戦で滅んだ安倍頼時の娘と藤原経清《つねきよ》の間の子で、安倍氏滅亡後、母が清原武貞《たけさだ》と再婚したことで清衡は清原氏一族の一員となっていたのである。その清衡の母と武貞の間に生まれた子が家衡で、清衡と家衡の対立は、前九年合戦の怨《おん》念《ねん》がからんだ異父兄弟間の争いということになる。

一〇八三年（永保《えいほ》三）にこの争いに調停介入したのが、陸奥守の地位についた義家であった。清原氏内部の争いがエスカレートする中で、劣勢に追い込まれた清衡が義家に嘆願して助勢を求めると、義家は家衡に敵対する側に立ち、弟の義光《よしみつ》の加勢を得て、一〇八七年（寛治《かんじ》元）、出羽国金沢《かねざわ》柵の戦いで家衡を討ち果たす。ここに奥州清原氏は滅亡し、清衡は父の姓である藤原氏を名乗り、後に平泉で栄華を誇る奥州藤原氏の祖となった。この戦いは、後三年合戦《ごさんねんかっせん》とよばれる。

義家は、前九年合戦の時のように、当然しかるべき恩賞を期待したが、朝廷は、義家の戦いを「私戦」とみなし、一切恩賞を与えなかった。朝廷が追討命令を発していないにもかかわらず合戦が行なわれたためだが、このことは、義家と彼に従って奮戦した武士たちにとって思わぬ誤算だったろう。だが義家は、この後三年合戦での勝利で、父頼義同様に、あるいはそれ以上に東国での武威の名声を高めることとなった。

元木泰雄氏は、この時期の義家の立場を「軍事貴族連合の盟主」と表現している（『武士の成立』）。「盟主」とは、同格の仲間の中心にいる人物という意味であり、みずからは在京し、所領を媒介した東国武士団の組織化を十分にできてはいない義家の立場が、後の頼朝のように東国武士を完全に従属させるようなものではないことを強調した規定である。義家の戦闘の実態を見ると、確かに強固な主従制的関係による直轄軍の勢力は弱く、東国武士団を広範囲に組織した義朝《よしとも》や、武家棟梁の地位を確立した頼朝との比較においては、適当な評価であると思われる。

だが、後三年合戦の勝利者の筆頭にあげられるのが義家であることには変わりはなく、この合戦を契機に、東国における清和源氏（河内源氏）を中心とする武士団の秩序が、さらなる発展の道筋をたどるようになったことは事実であろう。また義家が、父頼義とともに、後の歴史の中でくりかえし確認される「源氏の武威」の端緒の地位に置かれていることに、一定の現実的根拠があったことも確認しておきたく思う。

十一世紀の東国での戦乱を勝ち抜くことで、清和源氏流、その中でもとりわけ河内源氏流の武士団が、他の武士団に抜きんでる立場の基礎を、東国において固めたのである。

第二章　院政期の清和源氏と桓武平氏

一　院政の成立とその特質

清和源氏とともに、西国を基盤に、もう一つの武家棟梁として発展をとげた桓武平氏が、国家の軍事機構の中で不可欠な位置を占め、その結果中央政界での台頭を始めたのは、平安時代の後半約百年間に相当する院政期に入ってからである。以下まず、中央での武士団の台頭に重要な関わりを持つ院政という政治形態の成立とその特質について述べたい。

半世紀にわたって関白の地位にあり、摂関家の栄華を確立させた藤原頼通《よりみち》は、娘を後冷泉《ごれいぜい》天皇に入内《じゅだい》させたものの、皇位継承者となるべき皇子に恵まれず、一〇六八年（治暦《ちりゃく》四）、時の摂政・関白を外祖父にもたない尊仁《たかひと》親王が即位し後三条《ごさんじょう》天皇となった。すでに三十五歳という壮年に達していた後三条天皇は、政治への強い意欲を持ち、摂関政治に不満をいだいていた受領層などの中級貴族や大江匡房《おおえのまさふさ》などの学識のある貴族を積極的に登用して、摂関家をはばかることなく、国政にとりくんだ。

後三条天皇は、国家財政を圧迫する荘園《しょうえん》の乱立を抑制するために、一〇六九年（延久元《えんきゅう》）に荘園整理令を発し、同年、荘園整理の実務を担当する専門機関である記録荘園券契所《きろくしょうえんけんけいしょ》（記録所）を置き、摂関家や石清水八幡宮のような有力権門をも例外としない荘園整理を断行した。また天皇は、従来大きさがまちまちであった升の統一基準を定めた。これは宣旨升《せんじます》とよばれ、後の時代まで長く升の基準として用いられた。さらに天皇は、全国の耕地の調査にも着手している。

以上のような政策の推進は、天皇の権威を大いに高めることとなった。天皇の政治権力は、古代のそれが最も大きいと思われる人も多いかもしれないが、中世の入り口にさしかかる十一世紀後半に、天皇の政治的立場が再び強化されたことは、大変に重要な事実であり、よく確認していただきたい。

後三条天皇についで、その長子の貞仁《さだひと》親王が一〇七二年に即位し、白河《しらかわ》天皇となった。白河天皇は、翌年の後三条の没後、しばらく父の政策を継承した親政を行なった。ところが、実は後三条が皇位継承者として本当に望んでいたのは白河ではなかった。後三条は、白河の弟の実仁《さねひと》親王と輔仁《すけひと》親王が天皇となることを期待していたのである。この二人の親王の母基子《もとこ》は、三条天皇の孫にあたる源基平《もとひら》を父に持つ女性であり、後三条は、天皇家の血統をより濃くうけついでいる皇子の即位を望んだことが、その理由である。ちなみに白河の母は藤原茂子《しげこ》である。白河は、実仁と輔仁が成長するまでの、いわば「中継ぎの天皇」とされたのである。

実仁が一〇八五年（応徳二《おうとく》）に十五歳の若さで亡くなると、後三条の遺志を十分に知る貴族たちは、人望の厚い輔仁親王の即位に期待を寄せた。以上のような事情を十分に知る白河天皇は、先手を打って、自分の直系の子孫への皇位継承を実現するために、一〇八六年、まだ幼少の長子善仁《よしひと》親王（堀河《ほりかわ》天皇）に譲位し、みずからは上皇（正式には太上天皇《だいじょうてんのう》）となって、堀河天皇の政治を後見する院政を開始した。なお輔仁は、後の一一一三年（永久元《えいきゅう》）に、時の天皇である鳥羽への呪詛事件に連座して政治的に失脚し、その後は文化人としての余生を送っている。

父後三条同様に、白河上皇もまた受領層などの中級貴族層に支持され、彼らを、院の家政をつかさどる機関である院庁《いんのちょう》の職員（院司《いんし》）とした。一一〇七年（嘉承《かしょう》二）に堀河が没すると、白河上皇の院政は本格化し、以後、孫の宗仁《むねひと》親王（鳥羽《とば》天皇）・曾孫の顕仁《あきひと》親王（崇徳《すとく》天皇）の代にわたり、法や慣例にとらわれない政治が進められる。院に好まれた特定の中小貴族や僧侶たち、あるいは上皇の乳母《めのと》の近親にあたる院近臣などが権勢をふるい、本来上皇の家政に関わる問題のみを扱う院庁が徐々に実質的な国政審議の場に変化し始

天皇家系図（丸数字は図内での即位順）

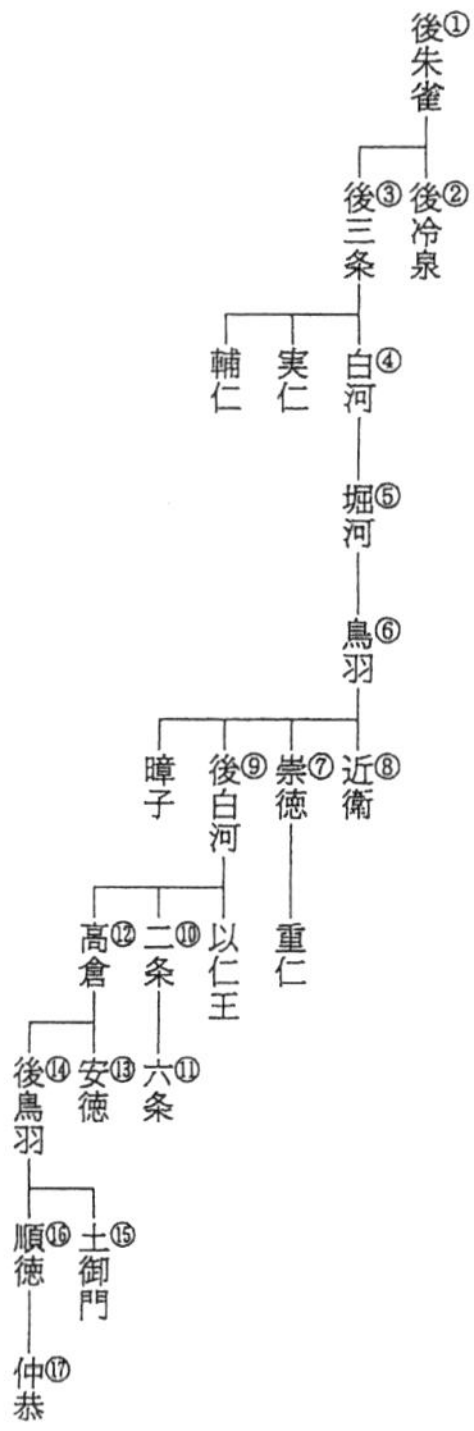

め、院庁の発する下文（院庁下文《いんのちょうくだしぶみ》）や上皇の命令をうけて院司が発する院宣《いんぜん》などの文書の権威が増大した。

荘園制の確立

摂政・関白の地位の継承も、上皇の意思によって左右されるようになり、摂関家は院と結びつくことで、臣下筆頭の貴族としての地位の維持をめざさなくてはならなくなった。

院政が本格化すると、上皇の強い権威をたよって、上皇および上皇に近い女院・寺社に多くの荘園が寄進されるようになり、大規模な院領荘園群の形成がはじまった。一方で、いぜんとして荘園整理の試みはなされていたが、白河院政の後期から、次に院政をしいた鳥羽上皇の時代にかけて、しだいに荘園の存在は、国家財政を圧迫するものではなく、むしろその基盤として認識されるようになり、朝廷の荘園整理の姿勢はほとんど見られなくなる。鳥羽上皇は、院庁下文によって、寄進された土地に対する荘園としての認可を盛んに行ない、荘園制が確立した。

またこの頃、一国の国司の任命権を特定の個人や寺社に与え、その国の公領《こうりよう》（国衙領）からの租税収入を取得させる知行国制《ちぎようこく》が定着するようになっていた。白河上皇・鳥羽上皇は、この制度を利用し、一国の支配権を近臣の貴族や寺社にゆだね、荘園同様に、公領をもみずからの勢力の経済基盤にとりこんだ。こうして、公領の数もほぼ固定化するようになった。さらに朝廷は、租税賦課のための基本台帳とするために、国衙に命じて、各国の荘園・公領の面積・領有関係をまとめた文書を作成させた。この文書は、大田文《おおたぶみ》とよばれる。

荘園制は、荘園および公領を合わせて荘園公領制と呼ばれることもあり、日本中世の土地制度の基本となるものであった。現在の歴史学の通説は、日本の中世の成立期を、鎌倉幕府の成立期ではなく、院政期に置いているが、その理由は、以上のような社会経済史における現象を重視するからである。従って、鎌倉幕府の成立を、どのような意味での歴史の画期と見るかという問題については、別の視点が必要となるが、その点は後の記述でふれることにしたい。

二　白河院政と清和源氏

荘園制が確立した院政期、大規模な荘園群を基盤に自立性を強めた有力寺社が、荘園整理の問題などをめぐって、しばしば受領と紛争をおこした。延暦寺《えんりやくじ》（北嶺《ほくれい》）・園城寺《おんじようじ》・興福寺《こうふくじ》（南都《なんと》）などは、後に僧兵《そうへい》と称されるようになる独自の武力をもち、宗教的権威の象徴である神輿《しんよ》や神木《しんぼく》をおしたて、受領の処罰をもとめて朝廷に対して強訴《ごうそ》をくりかえした。専制的な権力を振るった白河上皇が、自分の思い通りにならない三つのものとして、白河の川の流れや双六《すごろく》の賽《さい》とともに延暦寺の法師をあげたという『源平盛衰記《げんぺいじようすいき》』に見える逸話は、延暦寺の僧兵の威力の大きさをよく表わしている。

白河上皇は、清和源氏や桓武平氏の武士団を北面《ほくめん》の武士に登用して、院御所の警護にあたらせるなど武家の棟梁との関係を強めており、僧兵の強圧的な姿勢に対抗する上でも、武士の力に依存した。

それまで武士は、受領に任じられることで地方の武士を組織しながら任国の治安を維持し、中央武官・検非違使に任じられることで平安京を警護するなど、原則として、何らかの官職の任命によって公的な立場を得て軍事警察面での役割を果たしていた。院政期においても、武士団が既存の国家機構に組み入れられる形で、その武力を国家的支配体制の中に位置づける原則は維持されたが、白河院政期に入ってからの新しい動きは、院権力が、律令官職の命令系統を媒介せずに、直接に武士団を動員するようになった点である。

そして以後の院権力は、清和源氏・桓武平氏の武家棟梁に対し、恒常的に院宣による直接の命令を発して寺院大衆《だいしゅ》の行動を抑え、追討使に任命して反乱を鎮圧し、あるいは盗賊・海賊の追捕にあたらせた。

源　義家

白河上皇が重用した武士の一人である源義家は、左衛門尉《さえもんのじょう》・検非違使などの武官や、河内・相模・武蔵・信濃・出羽・下野などの受領を歴任し、すでに述べたように、十一世紀後半の東国の戦乱で活躍をしていた。後三年合戦は、ちょうど白河院政の初期の出来事になる。一〇九八年（承徳《しょうとく》二）には院昇殿《しょうでん》すなわち院御所へ上ることを許されている。この出来事を記した藤原宗忠《むねただ》の日記『中右記《ちゅうゆうき》』は、義家を指して「天下第一武勇之士」と評している（十月二十三日条及び同裏書）。

義家の武勇を題材にした説話は数多いが、たとえば鎌倉時代に成立した説話集『古今著聞集《ここんちょもんじゅう》』の第三百三十八段「源義家安倍宗任をして近侍せしむる事」には、義家が、先述の前三年合戦で服属させた安倍宗任を連れて女性の許を訪れ、強盗に遭遇した時の逸話が見える。それによれば、宗任の会話の内容から、その場に義家がいることを知った強盗たちは、義家を恐れて逃げ出した、とあり、義家の武威がいかに広く世に知られるところとなっていたかを知ることができる。この説話では、かつての陸奥国の覇者安倍氏の一族を義家が引き従えている設定が興味深い点であり、義家の武威は、単に彼個人の力量にとどまらず、広く東国の武威を象徴したものとして表現されているのである。

だが、先に紹介した『中右記』における別の記事に、義家の院昇殿に対する世人の批判もあったことが記されているように、義家への朝廷社会の評価は肯定・礼賛一辺倒ではなかった。

そもそも後三年合戦での義家の戦いが「私戦」と認定され、何らの恩賞も与えられなかったことからもわかる通り、朝廷の義家への待遇がいつも厚かったわけではない。一〇九二年（寛治六）には、武威を頼って諸国から義家に所領を寄進する行為が、朝廷により禁止されている。

またその前年の一〇九一年に藤原実清《さねきよ》及び清原則清《のりきよ》なる人物が河内国の土地をめぐって争いを起こした時、それぞれの主人にあたる義家とその弟義綱《よしつな》が合戦に及ばんとする事態が生じた際、朝廷が「義家随兵」の入京を禁じる命令を出したことを『百練抄《ひゃくれんしょう》』という史料が記している。「義家随兵」についての別の史料は「諸国国司随兵」（『後二条師通記《ごにじょうもろみちき》』）と表現しており、諸国国衙に属しながら義家と主従関係を結ぶ武士の存在がうかがえる。

ところで、清和源氏一族の中には、義綱のように、義家に対抗しうるだけの武士がいた。一〇九三年に朝廷が、義家の弟義綱に対して出羽国の俘囚の鎮圧を命じたのは、義家に匹敵するだけの武力を義綱が有していたからである。

朝廷は、義家の武勇に期待を寄せる一方で、それへの畏怖と、義家の急速な政治力の強まりに対する警戒の念を持っていた。そのことは、以後の清和源氏の政治的台頭が、後に述べる桓武平氏の場合と比べて、必ずしも順風満帆なものとはならない理由の一つとなる。

そして、十二世紀に入って生じた一族の不祥事と内紛が、清和源氏の政治的台頭をさらに大きく阻害した。

一一〇一年（康和《こうわ》三）、義家の後継者となるべき次男義親《よしちか》（長子義宗《よしむね》は早世）が、対馬守として在任中に現地の人民を殺害し、官物を横領して朝廷より追討される事件が起きる。義親は、翌年捕らえられて隠岐に流されるが、一一〇七年（嘉承二）に出雲国で目代を殺害する事件を起こし、一一〇八年（天仁《てんにん》元）に討伐され、京で梟首《きょうしゅ》されている。

義親の没後、義家四男の義忠《よしただ》が義家の後継者とされるが、一一〇九年に暗殺されてしまう。朝廷は、この事件に義綱が関係していると断じ、義親の遺児で義忠の養子となっていた為義に、その追討を命じている。

以上のような出来事が、清和源氏武士団全体の結束を損ね、総体としての力量を弱める結果をもたらしたのは当然である。

従来、このような一連の経過を、すぐ後の桓武平氏の台頭と比較して、白河上皇による清和源氏の力をそぐための陰謀とする見方が有力視されていた。このような結果論的解釈を批判した元木泰雄氏は、院権力による源氏「抑圧」という図式を否定する（『武士の成立』）。確かに、十二世紀初頭の清和源氏に関わりある事件を、すべて個人の陰謀から説明することには無理があると思われ、以後引き続き清和源氏流の武士が、院権力に登用されることなどを見ても、元木氏の説明は基本的に納得できる。ただし、武勇を誇る義家の代より以降、源氏が武士団としての一族の結束を固めることに成功せず、その点で、後の平氏の政治的成功との大きな対照を見せている「結果」は重視されねばならない。この「結果」が、源氏の幕府成立までに、長い年月をかけることになるのである。

三　桓武平氏の台頭

白河上皇より追討使に任じられ、謀反人源義親を追討したのは、桓武平氏の平正盛《まさもり》であった。清和源氏に対抗しうるだけの武門としての桓武平氏の本格的発展は、まさにこの正盛から始まるといってよい。清和源氏から、いったん桓武平氏の問題に眼を転じよう。

平正盛は、将門を追討した貞盛の子維衡の曾孫にあたる人物である。十一世紀に東国で発生した戦乱の過程で、東国の武士団を統率する存在が高望流桓武平氏より清和源氏（河内源氏）へとって代わったことはすでに述べた。その後の桓武平氏の動向であるが、藤原行成《ゆきなり》の日記『権記《ごんき》』における九九八年（長徳《ちょうとく》四）の記事に、維衡が、以前より伊勢国に住むようになり、同国で勢力を持つようになった同族の平致頼《むねより》と闘乱事件を起こしていることが見えている。これより、貞盛もしくはその子の維衡の代に、拠点を東国から西国の伊勢に移して、武士団としての新たな基盤作りをしていることが知られる。

維衡は、元来、上野・常陸・下野といった東国の受領を歴任した武士であったが、藤原道長《みちなが》に臣従し、平安京にも生活基盤を有していた。闘乱事件の責任を問われて淡路国に流された後、許され帰京し、一〇〇六年（寛弘《かんこう》三）に伊勢守に任じられている。このことにより維衡は、伊勢国との結びつきをますます強固なものとし、また伊勢湾の海上交通を掌握して、水運とも深い関わりを持つ武士としての発展を見せることとなった。この維衡に始まる平氏の流れは伊勢平氏と呼ばれる。

伊勢平氏出身の武士である正盛（父は出羽守正衡《まさひら》）が白河上皇の近臣となったきっかけは、伊賀国玉瀧《たまたきの》杣《そま》鞆田《ともだ》村の所領を、六条院《ろくじょういん》（白河上皇の皇女郁芳門院媞子《いくほうもんいんていし》の没後、彼女の御所が持仏堂《じぶつどう》とされたもの）に寄進したことであった。つまり正盛は、たんに武力のみではなく、経済力による奉仕によって院権力との関わりを持ったのである。

正盛は、院北面の武士となり、先に触れた源義親追討に功をあげてその武勇をとどろかし、平安京内の盗賊や瀬戸内海の海賊の追捕にも活躍した。また彼は、白河上皇の造寺事業にも多くの財物を献上して、引き続き経済的奉仕者となり、数カ国の受領を経た後、右馬権頭《うまのごんのかみ》・正四位下にまで至っている。

正盛の子の忠盛《ただもり》も白河上皇の厚い信任を受け、受領・検非違使を歴任し、白河の没後は、次に院政を行なった鳥羽上皇の近臣として、瀬戸内海の海賊追捕に大きな実績をあげ、鳥羽天皇御願寺《ぎょがんじ》である得長寿院《とくちょうじゅいん》の造営に功をあげたことにより、一一三二年（長承《ちょうしょう》元）内昇殿（内裏殿上へ昇ること）を許され、正四位上・刑部卿《ぎょうぶきょう》にまで上っている。

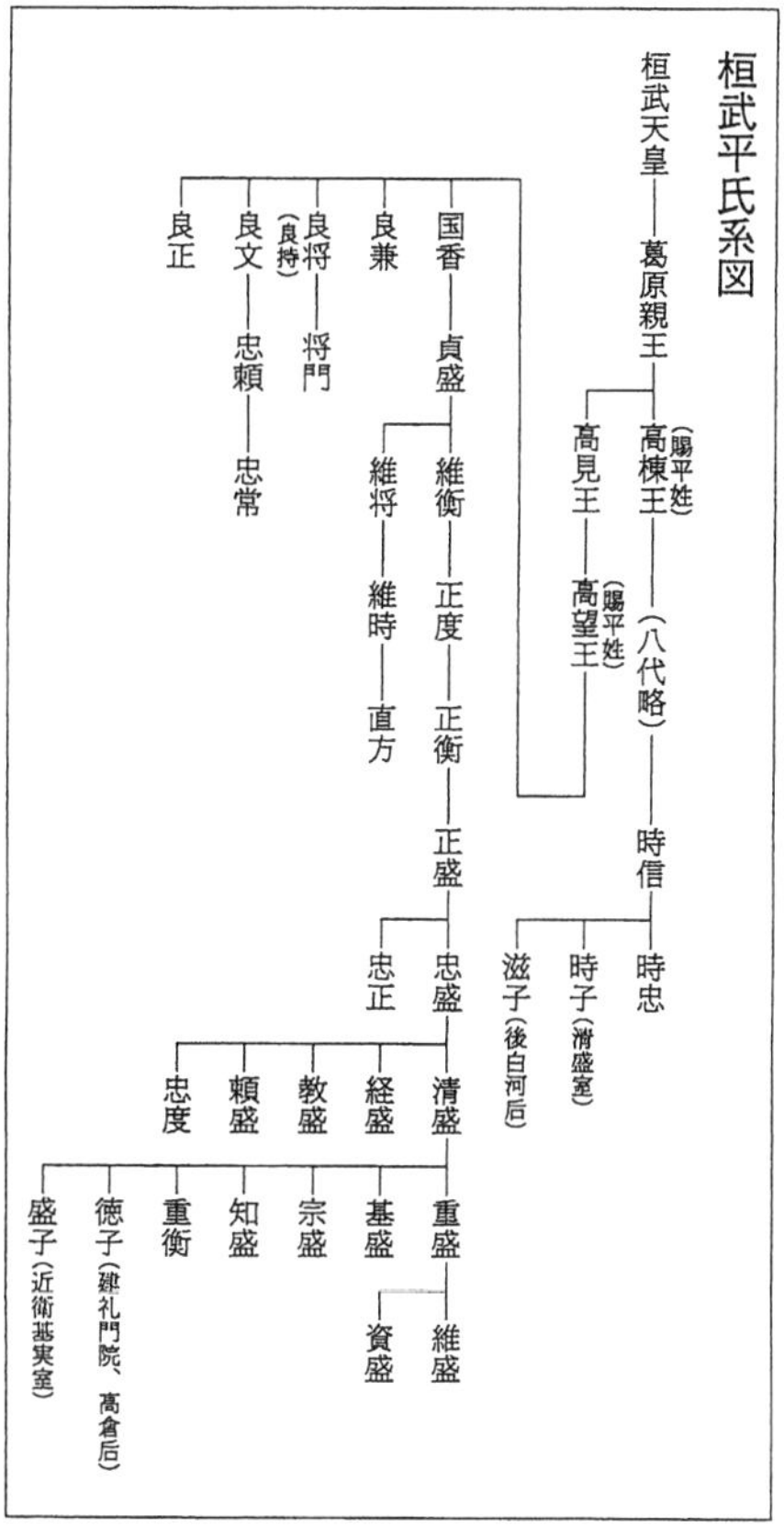

さらに忠盛は、鳥羽院領肥前国神崎荘《かんざき》の預所となったことを契機

に、日宋《にっそう》貿易との関わりを持つようになる。日宋貿易は、院権力だけでなく、桓武平氏の豊かな経済力の源泉となるものだった。軍事力・経済力両面での院権力への奉仕により、忠盛の時代までに、朝廷社会における桓武平氏流武士団の確固たる地位が築かれたのである。

一一五三年（仁平《にんぴょう》三）に忠盛が没すると、その嫡男である清盛《きよもり》が伊勢平氏の武士団を率いることとなった。清盛については、項をあらためて述べることにしたい。

源為義と子義朝

再び清和源氏の動向に話を戻そう。桓武平氏の正盛・忠盛たちが急速に勢力を台頭させている頃、清和源氏の嫡流の地位にあったのは、謀反人として正盛に追討された義親の子為義であった。十二世紀の初め、清和源氏一族内に不祥事が続いたことはすでに触れた通りだが、為義は、同族の義綱を追捕した功により、左衛門尉に任じられ、わずか十四歳で清和源氏の武士団を率いる地位についたのである。

大寺院が強訴を行ない僧兵が入京してくると、為義もまた軍事面から院権力を支える存在として、平正盛あるいは忠盛とともに鎮圧にあたった。また為義は、父祖たちと同様に摂関家に臣従している。

為義の活躍の場は、ほぼ平安京に限られており、その結果、十一世紀の戦乱の中で生み出された河内源氏と東国の関係は、為義の時代には、かなり希薄なものになっていた。源氏による東国での幕府創設に直接つながる、源氏と東国との結びつきを再び強固なものとしたのは、為義の長男として一一二三年（保安《ほあん》四）に誕生した義朝《よしとも》である。

義朝の生まれ育った地は東国だったと推測されている。後の保元《ほうげん》の乱を題材にした軍記物語『保元物語』における為義の言葉に「義朝こそ、坂東そだちのものにて」とあり、ある文書史料の中で義朝が「上総御曹司《おんぞうし》源義朝」と呼ばれていることなどがその根拠である。

また、義朝が「鎌倉の楯」を伝領した、と記す文書史料が存在し、その館が鎌倉の亀谷《かめがやつ》にあったことが『吾妻鏡《あづまかがみ》』の記事に見えている。義朝は、十一世紀前半に、河内源氏の東国における拠点となった鎌倉の地を継承することで、あらたな東国と源氏の関わりの歴史を開くようになったのである。ちなみに、義朝の嫡男義平《よしひら》（頼朝の兄）は「鎌倉悪源太」（鎌倉で生まれた源氏の長男という意味。ここでの「悪」は、武士としての激しい気性を表現するもの）と称されている。

鎌倉と河内源氏との関わりは、前述の通り、十一世紀の頼信、頼義父子の時代にまでさかのぼるが、義朝は、京を活動の舞台としていた父為義とは対照的に、鎌倉を拠点として南関東での勢力拡大を図り、積極的に東国在地武士団を家人として組織した。

そのような義朝の活動の様子が具体的にわかる関東の荘園が、二つ存在する。

一つは、伊勢神宮領相模国大庭御厨《おおばのみくりや》である。大庭御厨は、十二世紀の初め頃、国衙の認可を得て相模国の在地武士である鎌倉権五郎景政《かげまさ》（景正とも）が開発した相模国高座《たかくら》郡大庭郷の田地が、一一一七年（永久五）に伊勢神宮へ寄進されたことにはじまる。開発領主となった景政は、桓武平氏の武士で、御厨の現地支配を司る下司職《げし》を世襲し、景政の孫である景忠《かげただ》の代に大庭氏を名乗るようになる。なお、景政の子孫たちは、鎌倉党とよばれる武士団相互の結びつきを形成するようになる。

源義朝は、この大庭御厨に目をつけ、一一四五年（久安《きゅうあん》元）、相模国目代《もくだい》源頼清と結託し、自分の郎従と在庁官人《ざいちょうかんじん》を率いて、御厨内の鵠沼《くげぬま》郷に乱入している（『天養記《てんようき》』）。この時の義朝の行動は、たんなる田地横領ではなく、在地武士団である景政たちの一族を、みずからの勢力下に収めることが主眼であったと考えられている。

景政は、弱冠十六歳の時に、源義家に率いられて後三年合戦に参戦し、出羽国金沢柵の戦いで活躍している。義朝は、過去に源氏との結びつきを持つ在地武士団に対し、現実に武力を見せつけることで、あらためて家人としての組織をはかったのである。

同様な義朝の活動が見られるのが、同じく伊勢神宮領の下総国相馬《そうま》御厨である。相馬御厨は、一一三〇年（大治《だいじ》五）、下総権介平常重《つねしげ》が、相馬郡布施郷の所領を伊勢神宮に寄進したことにより成立した荘園である。寄進者の常重は、御厨の下司職（現地の土地支配を司る職）を確保し、その権利は子孫に相伝され、常重より子の常胤《つねたね》への譲与がなされた。ところが、一一三五年（長承四）、国衙への官物納入を怠ったとして、常重が、下総守藤原親通《ちかみち》へ相馬郷と立花郷を譲ることを認めさせられるという事態が生じる。さらに、東国へ下向していた源義朝が、一一四三年（康治《こうじ》二）に常重より相馬郡を奪い取るという事件も起きる。一一四五年（天養二）、義朝は御厨をあらためて伊勢神宮に寄進し、下司の地位を得ている。

ここまでの動きを見れば、義朝の行動は千葉氏の所領を強奪して我が物にしただけの話であるが、不思議なことに、所領を奪われたかに見える千葉常胤が、一一四七年（久安三）に相馬郡司となり、父常重同様に伊勢神宮への所領寄進を行なっている。千葉氏の在地での権益は決して消滅していなかったのである。これは一体どのような事情によるものなのだろうか。

実は、千葉常胤は、後の保元の乱で、義朝の「年来の郎従」として活躍している。この点から、相馬御厨の支配をめぐる上下の関係が成立し、義朝と常胤との間に主従制的関係が生まれていたことが推測されるのである。

大庭氏と千葉氏は、ともに頼朝の挙兵に参加する武士を出す一族であるが、頼朝の父義朝の時代に、荘園の在地支配の権利を確保するために、義朝の家人として組織されることで、その保護を得ていたのである。具体例としては、史料に恵まれた大庭御厨・相馬御厨の二つが確かめられるのみであるが、義朝は同様な形で、南関東の武士団の組織化を成功させていたのだと思われる。

義朝は、東国の武士団の統率を長男義平に委ね、京に上り、在京武士としての活動をはじめる。一一五三年（仁平三）には、下野守・従五位下となって父為義の官位を越えた。東国で培《つちか》った家人勢力の活躍が平安京で見られるのは、その三年後のことである。

四 保元・平治の乱

十二世紀中ごろより、天皇家と摂関家を中核とする朝廷の支配秩序の中に深刻な対立構図が現われた。それは、天皇家及び摂関家内部での、家長の地位をめぐる争いの激化であった。

鳥羽院政の末期、天皇家は、待賢門院《たいけんもんいん》璋子《しようし》（権大納言藤原公実《きみざね》の娘）の生んだ崇徳天皇・雅仁《まさひと》親王と美福門院得子《びふくもんいんとくし》（権中納言藤原長実《ながざね》の娘）の生んだ体仁《なりひと》親王の二つの流れに分かれ、鳥羽の地位の継承をめぐる争いをはらみはじめていた。

鳥羽は、祖父白河と深い関係にあることを噂されていた待賢門院を疎《うと》み、摂関家との縁の薄い美福門院を寵愛したため、一一四一年（永治《えいじ》元）崇徳を強引に譲位させ、体仁親王を即位させた（近衛《このえ》天皇）。ところが、一一五五年（久寿《きゆうじゆ》二）近衛天皇が十七歳の若さで亡くなったために、再び皇位継承の問題が浮上した。崇徳上皇は、当然ながら自分の子である重仁《しげひと》親王の即位を望んだが、案に相違して弟の雅仁親王が即位する結果となってしまった。

鳥羽が待賢門院の生んだ子の即位を容認したことには、複雑ないきさつがあった。まず、はじめ鳥羽は、美福門院の生んだ暲子《しようし》内親王（後の八条院《はちじよういん》）の即位を望んだが、女帝誕生への反発が強く、断念せざるをえなかった。次に候補としてあげられたのが、雅仁親王（後白河天皇）の子で、美福門院の養子となっていた守仁《もりひと》親王（後の二条天皇）であった。だが、実父をさしおいて先に皇位につくわけにはいかず、守仁親王が成長するまでの中継ぎとして雅仁親王が即位したのである（三九頁の系図参照）。

院政を開始した白河上皇と、後に院政の歴史に大きな足跡を残すこととなる後白河が、いずれも、当初立場の弱い「中継ぎの天皇」であったことはまことに興味深い。実は、鎌倉末期の後醍醐《ごだいご》天皇の即位にも類似した状況が見られた。これらはたんなる偶然のめぐりあわせではなく、そのような立場が、政治家としての強烈な意志形成の背景となったといえるだろう。

ところで、以上のような皇位継承は、まったく崇徳の意思に反して行なわれたものだった。子の重仁親王を即位させ、やがてはみずからが院政をしこうとする展望を踏みにじった鳥羽に対して、崇徳は大いに憤慨し、やがてはその怒りを後白河に向けていくことになる。

同じころ摂関家では、やはり家長の地位をめぐる争いが見られた。藤原忠実《ただざね》の次男である頼長《よりなが》は、当初父忠実と鳥羽上皇の信任を得て、豊かな学識を活かし、左大臣として朝廷政治で活躍していた。兄忠通《ただみち》をさしおいて、摂政の地位につくことをめざしたものの、やがて鳥羽の信任を失って、その望みを断たれる。

政治的に不遇な状況に追い込まれた崇徳と頼長は、その立場が共通することからしだいに接近しはじめ、後白河・美福門院・藤原忠通に対抗する勢力となりはじめる。

後白河天皇と崇徳上皇の抗争

鳥羽の存命中は、両勢力の対立は潜在的なものに留まったが、一一五六年（保元元）七月二日、鳥羽が五十四歳で没すると、あたかも重石《おもし》を失ったかのように、朝廷支配層内部で天皇（後白河）と上皇（崇徳）との政治抗争が勃発することとなった。

もちろんこれ以前に、朝廷内部の政治対立はいくらでもあった。だがこの時の政治抗争の特徴は、抗争の当事者である天皇家・摂関家を構成する人々に臣従していた武士団が、主家の争いに直接巻き込まれた結果、清和源氏・桓武平氏の武家棟梁家それ自体も二つに分かれて、京を舞台とした武力闘争にまで発展したことである。

後白河天皇方が動員した武士は、鳥羽上皇の御所に出仕していた平清盛・源頼政《よりまさ》・源義朝・源義康《よしやす》といった武士である。一方崇徳上皇方には、摂関家に出仕していた源為義・平忠正《ただまさ》といった武士が参じた。

清盛は、一一一八年（元永《げんえい》元）、忠盛の長子として生まれた。母の名は不詳で、また実父は白河上皇であるという有名な伝説があるが、真偽は確かめがたい。彼の地位は、近臣として院権力に仕えた祖父正盛・父忠盛の築き上げた政治力・軍事力・経済力によって、生まれながらに保証されていたといっても過言ではない。

また源頼政は、摂津源氏渡辺党の棟梁で、その活動は第三章で再び述べることとなる。源義康は、義家の孫で為義の従兄弟にあたり、足利氏の祖となる人物である。

七月十日、崇徳上皇方は白河殿に、後白河天皇方は高松殿内裏に軍勢を集結させた。上皇方の為義は、奇襲攻撃を提案したものの、藤原頼長に反対され断念した。このことが戦局の流れを決し、翌十一日の早朝、清盛勢三百余騎・義朝勢二百余騎・義康総勢百余騎の後白河方の軍勢が、三手に分かれて都の大路を東に進み、白河殿を急襲し、四時間半ほどの戦闘の後、正午には大勢が決し、後白河方が圧倒的勝利をおさめる。

乱後、崇徳は讃岐国に流され、頼長は戦死し、為義・忠正は処刑された。保元の乱後、ただちに後白河天皇は、みずからが全国の土地と民の支配者であることを宣言し、信西《しんぜい》（藤原通憲《みちのり》）や藤原信頼《のぶより》のような近臣を登用して、荘園整理令や神社・寺社統制令の発布、記録所の設置、一国平均役《いっこくへいきんやく》の制度確立などの政策に着手した。

信西は、藤原南家《なんけ》という低い身分の出で、一時は出家した身ながら、鳥羽・後白河の両院政下でその優秀な行政手腕を見込まれた人物である。信頼もまた、中級貴族の家に生まれながら、後白河の近臣として破格の出世をとげた人物である。

保元の乱における桓武平氏・清和源氏それぞれの兵力の構成を検討すると、まず清盛の場合、一門及び家人の武士、伊賀・伊勢・河内・備前・備中といった平氏の本拠地と瀬戸内海沿岸諸国の武士団を動員しているのに対し、義朝の軍勢は、近江・美濃・尾張・三河・遠江・駿河・相模・安房・上総・武蔵・上野・下野・常陸・甲斐・信濃といった東国を中心とする地域の武士によって構成されている。なおその中には、先ほど紹介した大庭氏の景義・景親父子、千葉常胤が含まれている。以上のような点から、元木泰雄氏は、「義朝こそは、河内源氏で初めて東国武士を中心として京で活躍した武将だった」と述べ、この点が、鎌倉幕府成立の直接の前提となったことを指摘している（「源義朝論」、傍点引用者）。

だが、ともに勝者の立場を得たとはいえ、保元の乱の結果が清和源氏と桓武平氏に与えた影響を比較すると、まことに対照的である。清和源氏は、為義と義朝の父子が敵味方に分かれて戦い、敗れた崇徳方についた為義は、義朝の助命嘆願もかなわず、斬首された。

また為義の八男で、義朝の弟の為朝《ためとも》（鎮西《ちんぜい》八郎と称され、九州で勢力を広げた）は、幼少時より武芸、とくに弓射に秀でた武士であったが、乱後とらえられ、その弓射の芸を惜しまれ、死罪を免ぜられ、伊豆大島に流されている。流罪後も、近隣の島嶼《とうしょ》地域に勢力を広げ、一一七〇年（嘉応《かおう》二）に伊豆国の武士工藤茂光《しげみつ》の追討を受け、自害したとされる。『保元物語』は、悲劇的な生涯を送った猛将為朝の事績に強い関心を寄せ、彼の末路をめぐる話を、乱の語りの結びとしている。また為朝が、琉球に逃れて琉球王の祖となったという伝説も存在している。

父為義・弟為朝という一族の武将を失った義朝の痛手は、あまりに大きかった。平氏方にも、藤原頼長に臣従していた経緯から崇徳上皇方について戦い、処刑された忠正（忠盛の弟。清盛の叔父）のような存在はあったが、おおむね一族が結束して乱を勝ち抜くことができたと評価できる。保元の乱の結果、武家棟梁としての源氏の力は、桓武平氏に比して大きく弱体化したのである。

保元の乱が終わって間もなく、再び平安京における戦乱の火種が生じるようになった。乱後、比較的低い家格の出自ながら急速に地位を台頭させた信西と藤原信頼は、院近臣としての勢力争いから対立を深めるようになった。信西は、やがて平清盛に接近するようになる。

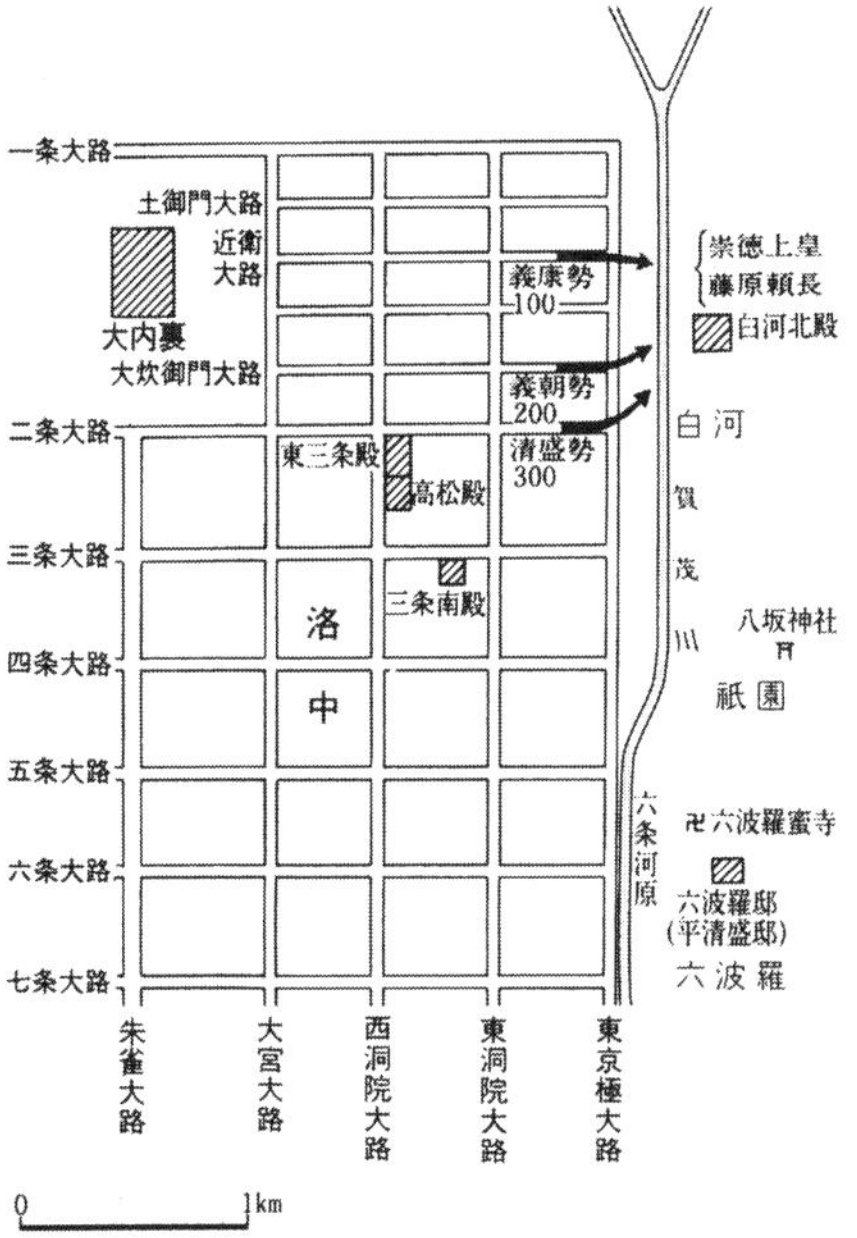

保元の乱関係図（五味文彦著『鎌倉と京』より，一部改変）

一方、保元の乱の戦後処理の過程で、一族に対する過酷な処分を受け、また平氏に比べて十分な恩賞を与えられなかった義朝は、後白河上皇（一一五八年、子の二条《にじょう》に譲位して院政を開始）に強い不満を抱きはじめていた。清盛と信西の勢力に対抗する形で、義朝と信頼は提携を強め、そして信頼は、後白河の子の二条天皇の寵臣である藤原惟方《これかた》と藤原成親《なりちか》をも抱きこみ、反信西連合（間接的には反後白河連合）ともいうべき勢力を作りあげた。

一一五九年（平治元《へいじ》）十二月九日、熊野に参詣した平清盛の留守をうかがって、義朝と信頼は兵を挙げ、後白河上皇を幽閉して、信西を自害に追い込み、一時平安京を制圧した。しかし、清盛の機敏な反撃によって、二十六日、信頼・義朝方は敗北し、信頼は処刑され、義朝は逃亡の途中、尾張国にあった長田忠致《ただむね》（義朝の家人鎌田正家《まさいえ》の舅）の館にかくまわれた後、翌年正月三日、忠致の裏切りに遭って殺害されている。みずからが組織した在地武士団が多く存在する地域である東国に逃れさえすれば、巻き返しの機会は義朝に十分にあったと思われるだけに、かれにとってはまことに無念の死であったろう。

義朝の死後、彼の長男である義平は、清盛暗殺を狙って入京するが捕らえられ、正月十九日に斬首されている。次男の朝長《ともなが》は、戦いで受けた傷により歩行ができなくなり、美濃国青墓《あおはか》で自害したとも、父に刺殺されたとも伝えられる。

熱田大宮司藤原季範《すえのり》の娘を母に持ち、従五位下・右兵衛権佐《うひょうえのごんのすけ》となっていた三男の頼朝は、東国への逃亡の途中、父とはぐれ、美濃国で平頼盛《よりもり》（清盛の異母弟）の郎党宗清《むねきよ》に捕らえられ、京都に護送された。謀反人の子として当然死罪は免れないところを、清盛の義母池禅尼《いけのぜんに》（頼盛の母）の助命嘆願により、一一六〇年（永暦元《えいりやく》）三月、伊豆国に配流されている。時に頼朝、十四歳である。

義朝には、この他に今若・乙若《おとわか》・牛若という三人の子供があった。清盛は、三人の母常盤御前《ときわごぜん》の願いを聞き入れ、子供たちの命を助け、それぞれ寺に預けられることとなった。

八歳の今若は醍醐寺に行き、僧侶となった後に全成《ぜんじょう》と名乗り、六歳の乙若は、義円《ぎえん》（後に円成《えんしょう》）という僧侶になった。わずか二歳の牛若は鞍馬寺に預けられた。いうまでもなく、彼が後の義経《よしつね》である。

国政上の地位を上昇させた武士団

院政期になってから、僧兵の強訴対策・平安京の治安維持・瀬戸内海の海賊退治などで大きな力を発揮し、宮廷社会の中で台頭しはじめた武士団は、保元の乱・平治の乱という二度の朝廷内部の紛争を決着させたことでその力をまざまざと見せつけ、国政上の地位を飛躍的に上昇させた。

摂関家出身の僧侶で天台座主《てんだいざす》となった慈円《じえん》が鎌倉時代前期に著した史論書『愚管抄《ぐかんしょう》』に、次のような記述が見られる（巻四）。

サテ大治ノノチ久寿マデハ、又鳥羽院、白河院ノ御アトニ世ヲシロシメシテ、保元元年七月二日、鳥羽院ウセサセ給テ後、日本国ノ乱逆ト云コトハヲコリテ後、ムサノ世ニナリニケルナリ

平安時代末期から鎌倉時代にかけて生涯を送った慈円の感覚からは、保元の乱およびそれに続く平治の乱は、日本の国のあり方を「ムサノ世」（＝「武者の世」）に変じさせる大きな画期ととらえられたのである。これはあくまで鎌倉時代の一知識人の感性を示すものであるが、好むと好まざるとにかかわらず、保元・平治の両戦乱の結果、武士の動向が日本の国政を左右する状況が出現したことを、多くの人々が実感したことは十分に推察されるだろう。

だが、そのような武士としての政治的栄光は、桓武平氏が一人占めする形となった。摂津源氏の頼

政が平氏方についたことから、源氏武士の命脈は辛うじて保たれたが、武家棟梁河内源氏は、政治の表舞台から完全に姿を消した。平治の乱の直後に、後世の河内源氏の天下を想像したものは、おそらく誰一人としていなかったろう。

平治の乱後、後白河上皇は、平氏の武力を背景として、延暦寺・興福寺など大寺院勢力に対し、それまでにない強圧的な態度で臨むようになる。そして平氏一族は、後白河上皇との結びつきをさらに強めることで、武士としては空前の目覚ましい昇進台頭の基礎を固めることとなった。

五　平氏の権力とその支配体制

平氏一門の長である平清盛は、乱の翌年の一一六〇年（永暦元）正三位参議《さんぎ》となり、武士では初めての公卿となった。彼はその後も急速な昇進を続け、一一六七年（仁安《にんあん》二）には公卿としての最上位の太政大臣《だいじょうだいじん》に任じられる。また、清盛の嫡男である重盛《しげもり》をはじめとする平氏の一族の多くも朝廷の高位・高官を占め、平安京の警備にあたる公的機関である検非違使庁も平氏の支配下に入った。また平氏は、多数の荘園・知行国を保有し、一族や家人を荘官・国司に任命した。

清盛は、太政大臣に任じられると、まもなくただちにこの職を辞し、翌一一六八年、重病により出家した（法名浄海《じょうかい》）。だが清盛は、決して隠居したわけではなかった。形式的には、平氏武士団は、重盛及び弟の宗盛によって統率されることになってはいたものの、病の癒えた清盛は、引き続き事実上の桓武平氏流武家棟梁として、律令官職に拘束されることなく、後白河との政治的提携を維持しながら、政治力を発揮しつづけた。

正盛の時代にまでさかのぼる平氏の拠点で、清盛とその一門の邸宅がおかれた六波羅《ろくはら》、京から西国への出入口に置かれた平氏のもう一つの邸宅である西八条邸、瀬戸内海水運の要の位置にある摂津国福原《ふくはら》の別荘などが、平氏の権力の中心となり、清盛は、後白河の院権力とならんで朝廷を支配する存在となったのである。

平氏の政治は、基本的には従来の朝廷機構をそのまま用いて行なわれたものであり、後の鎌倉幕府支配体制のような、武家独自の統治機構は確立できなかった。しかし、その支配のあり方には、幕府政治につながる面があったことも無視できない。

清盛が太政大臣となって位人臣を極めた一一六七年、清盛の嫡男重盛が、権大納言の地位にありながら、朝廷より、東海道・東山道・山陽道・南海道の盗賊追捕の権限を与えられている。この時重盛は、検非違使のような武官職を帯びていなかったが、唯一の武家棟梁としてのその立場に対して、いわば国家守護権が付与されたのである。重盛たち平氏は、畿内及びその近国と西国を中心とする地方武士団の多くと主従関係を結んでおり、平氏による彼らの動員に、国家的軍事動員としての性格が明確に与えられたことになる。実はこれとほぼ同じ権限の授与が、幕府体制確立後の源頼朝にも与えられており、その点について見れば、平氏の支配に、幕府体制の源流としての要素を見出すことが可能である。

また平氏は、一部の荘園や公領に地頭を置き、地頭に任命した家人の武士に現地の治安維持を命じた。さらに平氏は、家人を中心に、地方武士団に輪番で内裏の警護を命じた。これは内裏大番役《おおばんやく》と呼ばれ、保元の乱後に体制的に整備されたものと考えられる。内裏大番役は、鎌倉幕府の大犯《たいぼん》三ヵ条の一つである京都大番役の直接の前提となるものである。

以上のような点から、平氏の支配が、武家政権への過渡的性格を持っていたことが指摘できるのである。

だが、全国規模で見た時、平氏の在地武士団支配には、明らかに地域的な限界があった。奥州平《ひら》泉《いずみ》には藤原氏の半ば独立した支配圏が存在し、関東には、源義朝によって組織された武士団がいた。河内源氏の勢力が壊滅させられた後、当然のごとく平氏の関心は、東国の武士をあらたに組織することに向けられた。平氏家人の一人である藤原忠清《ただきよ》が、坂東八カ国の侍別当に任じられたという『平家物語』の所伝は、そのことを象徴的に語るものである。

朝廷から与えられた国家守護権を背景に、平氏は、大庭氏・畠山氏をはじめとする有力な東国武士団を次々に家人とし、平安時代の末期、少なくとも建前上、東国は桓武平氏の支配下に収められた。はたしてこのことにより、古くは東国武士による頼義・義家への服従、近くは義朝への従属の実績が完全に水泡に帰したのであろうか。

実はそうではなかった。これまでの研究から、中世の武士の家人には、隷属度の強いものと双務契約的性格を持つ隷属度の弱いものの二つのタイプがあったことが明らかにされている。家礼《けらい》型家人と称される後者のタイプの家人は、武士社会の中に広範に見られ、平氏の場合も例外ではなかった。そして、とくに東国の平氏家人の中には、この家礼型家人が多かったと考えられているのである。

平治の乱の結果を知る東国の武士団の多くは、生命の安全と現地所領支配権益の保全のために、従来の源氏との関わりを棚上げして、ためらうことなく平氏と主従関係を結んだにちがいない。しかし、そのことは、情勢が変化しさえすれば、現実的利益を勘案する東国武士の多くが、容易に「伝統的な源氏方武士」へ回帰する可能性が高いことをも意味した。平安時代最末期の内乱の中で、それが現実のものとなることは、次の章で見ることにしよう。

第三章　内乱の勃発と頼朝の挙兵

一　平安最末期の政治状況

膨大な荘園群と多くの知行国の領有および日宋貿易からの利潤がもたらす経済力、そして全国規模で組織化された武士団の武力に支えられた後白河の院政と平家の権力は、平安時代の末期に安定した政治秩序を作り出した。清盛は、一族の女性と天皇家及び摂関家他の貴族との婚姻をすすめることで、伝統的貴族社会との融和をはかった。しかし、平治の乱の終結後にはじまる、あまりにも急速な平清盛とその一門の台頭ぶりは、長い間武士をみずからに従属する存在として見下してきた摂関家をはじめとする伝統的貴族たちの反感を買うに十分なものであった。

殿下乗合事件

一一七〇年（嘉応二）七月三日のことである。時の摂政松殿基房《まつどのもとふさ》が、法勝寺《ほっしょうじ》での法華八講《ほっけはっこう》という仏事に向かう途中、平重盛の嫡男で、清盛の嫡孫にあたる資盛《すけもり》の一行に出会った。基房の供の者たちは、路上で貴人に遭遇した時の礼として、当然資盛たちが馬を下りるものと思っていたところ、それがなされなかったために、無礼を咎《とが》めて資盛の乗っていた車を破壊するなどの乱暴行為に及んだ。一時の腹立ちまぎれに供の者たちがしたこの行為に、顔色を失ったのは、基房であった。基房は、帰宅後すぐに資盛の父重盛に謝罪の使を送ったが、息子の受けた恥辱に激怒した重盛はこの謝罪を受け入れず、郎党たちをけしかけ激しい報復行為に出ている。

『平家物語』によれば、この事件で激怒したのは清盛で、重盛はこれをなだめることになっているが、これは清盛を悪人とし、対照的に重盛を思慮深い人物とする『平家物語』独特の人物の描き分けによるもので、同時代の公卿である九条兼実《くじょうかねざね》の日記である『玉葉《ぎょくよう》』などで確認できる事実は右に述べた通りである。

藤原摂関家系図

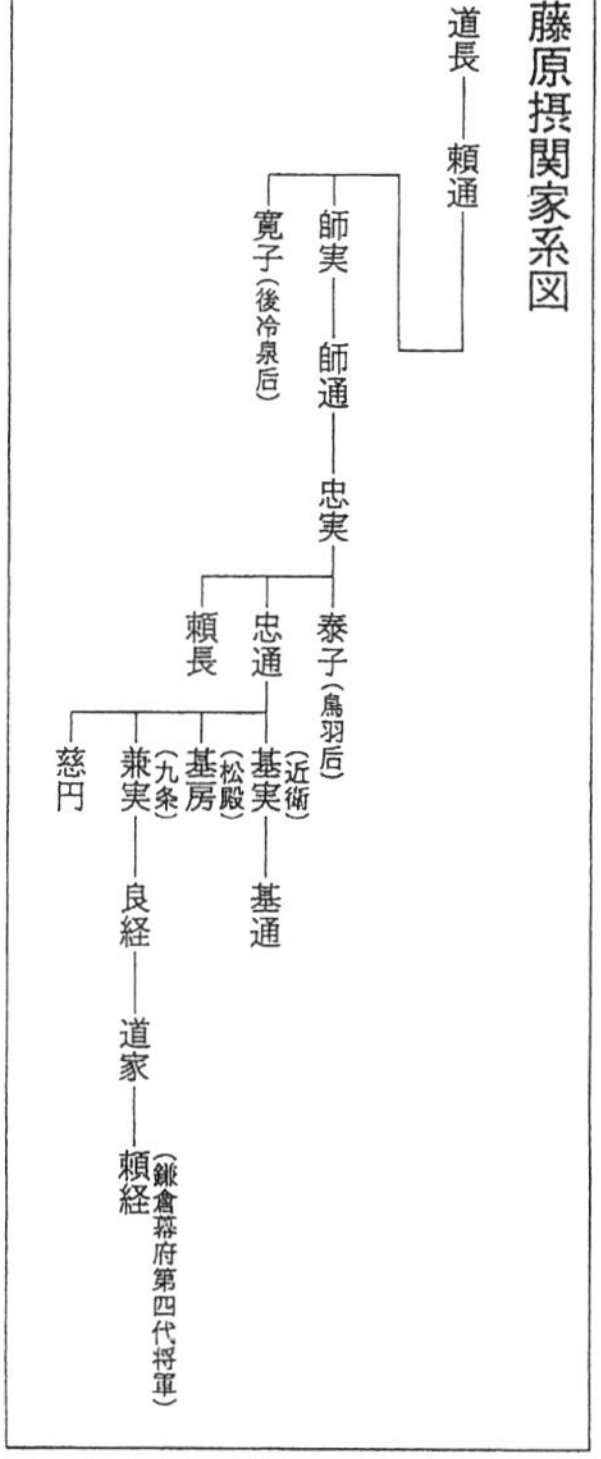

そもそも基房と平家一門の間には険悪な関係が存在した。基房の前に摂政をつとめた兄基実の室盛子《もりこ》（白河准后《じゅごう》）は清盛の娘であったが、基実の没後、その遺領の大部分は盛子が継承することとなった。

基房の期待に反して、摂関家領の多くが、盛子を媒介とする形で事実上平家の領有下に置かれることとなり、基房と平家一門の間に深刻な利害対立が生じていたのである。

反平氏派の貴族としての基房の立場を明確なものとした、このいわゆる殿下乗合《てんがののりあい》事件は、平家一門の威勢に対する朝廷社会の人々の畏怖と反発の両面を象徴するものといえよう。

また『平家物語』には、清盛が、十四歳から十六歳までのおかっぱ頭（禿髪童《かむろわらわ》）をした少年たちを京中に放ち、平氏の悪口を聞きつけるや、それを吐いた者の家に乱入し、身柄を六波羅邸に連行するようにしていたため、平氏に対する批判が言葉に出されることがなくなったという話が見える。この話自体は、古代中国の新王朝を建国した王莽《おうもう》の話に題材を得た創作の要素を含む可能性が高いが、清盛の政治を「独裁の腐敗」「権力の横暴」と見る当時の社会意識を反映した伝承であり、その背景に伝統貴族たちの不満と暴力的な武士の裁きへの批判があったと見ることは許されよう。

鹿ヶ谷の謀議

やがて、そのような朝廷内にうずまく平氏への不満が、表面に現われる事件が起きた。一一七七年（治承元）、後白河法皇の近臣藤原成親・西光《さいこう》・僧俊寛《しゅんかん》・平康頼《やすより》等が、京都近郊の東山にある鹿ヶ谷《ししがたに》で平氏打倒の密議をおこなう事件が発生した。鹿ヶ谷は、京都東山の主峰如意ヶ岳《にょいがたけ》の西方山腹にあたり、密議は、この地にあった俊寛の別荘でなされたのである。これを鹿ヶ谷の謀議あるいは鹿ヶ谷の変とよぶ。事の発端は、藤原成親の望む右大将の地位に清盛の子平宗盛がついたことにあるとされており、官職をめぐる藤原氏と平氏の対立から生まれた事件ということになる。

もっとも、平氏打倒の密議といえば格好はよいが、具体的な計画などないに等しいのが実態であった。謀議の場にいた数少ない武士である摂津源氏の多田行綱《ただのゆきつな》の決起に大きな期待がかけられていたと思われるが、当面は、酒宴の盛り上がりの中で「平氏を倒せ」と威勢のよい掛け声だけが飛ばされるばかりであった。だが、多田行綱の密告によってこの事実を知った平氏の対応は厳しいものとなった。関係者は過酷な処分を受け、西光は斬罪、成親は備前国に配流（後に殺害）、俊寛と康頼は鬼界島《きかいがしま》に流されている。

平氏にとってこの事件を見過ごしにできない理由は、密議の場に後白河上皇がいたことである。政治的協調関係を維持してきた後白河上皇と清盛の関係は、密議の発覚により険悪なものとなった。そして以後、後白河は、反平氏の立場を鮮明にしている基房と接近していくこととなった。

なお、河内祥輔氏は近著の中で、この事件の背景に、延暦寺と西光の対立があり、西光を擁護する後白河が、延暦寺に対する武力発動を清盛に命じたため、延暦寺との衝突を回避するべく、清盛が陰謀をでっちあげて、西光を粛清したのが事件の真相であったとする（『保元の乱・平治の乱』）。陰謀の矮小さを考えれば、傾聴に値する興味深い見解であり、それがあたっているとすれば、きわめて屈折した形で、清盛が後白河の意向に反する行動をとり、後白河と清盛の蜜月関係が終わりを迎えるきっかけとなったことになる。

一一七九年六月に盛子が没した後、彼女の継承した摂関家の所領は、結局基房の許に戻ることはなく、所領をめぐる藤原氏と平氏の争いは続いたが、一方で、翌七月に重盛が亡くなると、彼の保有していた知行国越前を、後白河が没収する動きがあらわれた。天皇家と摂関家が手を組み、後白河を中心に、反平氏の勢力が結集しはじめる状況に、清盛たちは強い危機感を抱いた。また、事態の変化により、これまで一応平穏な関係を保ってきた延暦寺・興福寺など大寺院勢力の動向も、きわめて不透明なものとなることが予想された。

治承三年、清盛のクーデター

ついに清盛は行動にうって出た。一一七九年（治承三）の十一月、別荘のある福原を出て、多数の兵とともに上京した清盛は、まず手始めとして十五日に基房の関白職を罷免した後、十七日に、後白河に近い貴族約四十名の官職をいっせいに剝奪する処分を断行した。なおこの時罷免された貴族の中に、平家の一門の頼盛が入っているが、これは彼が清盛と不仲であったことによる。すでに述べたように、頼盛の母池禅尼は、平治の乱の後に源頼朝兄弟たちを助命し、後にその恩に報いて頼朝は、平氏滅亡後も頼盛を厚遇している。

そして二十日、清盛は、いまや反平氏勢力の中心の位置にある後白河を幽閉して、その院政を停止した。これを境に、朝廷の政治体制は高倉天皇親政に移行するが、それはあくまで形式上のことであり、事実上、朝廷の政治が清盛の専権に委ねられるようになったことはいうまでもない。以上の一連の出来事は、清盛の治承三年のクーデターなどと呼ばれている。

さらに、高倉天皇の中宮《ちゆうぐう》となっていた清盛の娘徳子《とくこ》（後の建礼門院《けんれいもんいん》）の産んだ子安徳《あんとく》が、一一八〇年二月に天皇に即位し、平氏が天皇外戚《がいせき》の地位を得るにおよんで、清盛以下平氏一門の独裁体制が成立した。

それまでの平氏の政治支配は、あくまで後白河の院政と一体のものとして存在していた。しかし、この段階に至り、平氏は文字通り単独で朝廷政治のヘゲモニーを握ったことになり、厳密な意味で「平氏政権」とよぶべき実態が姿を現わすようになった。だが実のところ、それは平氏の栄華の「終わりの始まり」であった。古今東西の歴史の中で、協調する勢力を持たぬ独裁権力が長く命脈を保った例はないといってよいだろう。

殿下乗合事件・禿髪童の伝承・鹿ヶ谷事件の報復などにおける平氏の行動には、武士としての残忍さがよく表われている。しばしば説かれるように、本来武士であった平氏が貴族化したことで政治的没落が始まったのではなく、武士の支配に対する反感を直接に平氏が蒙るようになったことが、その滅びの直接の前提であると考えられる。

しかし、たんなる反感それ自体は、決して政治秩序の転換を現実のものとすることはなく、政治および経済における具体的な利害の対立が生じることで、反感ははじめて打倒の意思へ高まっていく。そしていかに矛盾が激化しても、政権打倒をめざす自覚的勢力が一定程度の力を持たない限り、政権は存続を続け、自壊することはない。独裁的な平氏の政治に対する不満が、どのような名目を持ったいかなる人物の行動によって組織化され、平氏打倒の大きなうねりを作り出すか……問題がその一点にしぼられる段階となった。

二　以仁王令旨と源頼朝の挙兵

後白河上皇の第二皇子（一説に第三皇子とも）以仁王《もちひとおう》は、母である権大納言藤原季成《すえなり》の娘成子《なりこ》が、必ずしも高い家格の出ではなかったため、皇位継承者として期待されず、親王宣下《せんげ》すら受けられなかった。以仁王は、そのような立場にある皇子の通例に従って、僧侶の道に進むべく、幼少時に天台座主最雲《さいうん》の弟子となっていたが、出家を遂げることはしなかった。彼は、皇位継承に望みをかけ、俗人の立場を保ち続けたのである。

彼もまた、平氏によって自分の所領を没収されており、その点で平氏を恨む理由を持っていた。だが何より大きなことは、先に述べたように、平氏が父後白河の院政を留めた上で、兄高倉の皇子安徳を即位させたことで、以仁王の皇位継承の可能性をほぼ皆無にしたことである。これにより以仁王は平氏打倒の決意を最終的に固めたのである。人相を見ることに長《た》けていたため「相少納言」の異名を持つ藤原宗綱《むねつな》という人物が、以仁王には天皇の位につく相があると語った、という逸話が残されており、そのような形で示される支援が以仁王に展望を与えていたのかもしれない。

もちろん、強大な力を持つ平氏を倒すためには、相応の武力がなくてはならない。以仁王が頼みとした武士は源頼政であった。頼政は、摂津国渡辺を本拠とする摂津源氏渡辺党の棟梁である。保元の乱に続き、平治の乱に際しても、源氏の武士の中でただ一人清盛の側に立った彼は、源氏の武士としては例外的に平氏支配の下で勢力を維持し、三位にまで昇ったことから、源三位《げんざんみ》と称されている。平氏打倒の戦いにおいて、源氏の武士の力を結集することが不可欠と考えた以仁王の判断により、この時点での源氏棟梁の立場にある頼政がパートナーに選ばれたのである。

治承四年四月九日条から始まる『吾妻鏡』

一一八〇年（治承四）四月九日、以仁王は源頼政とともに平氏打倒の兵をあげ、諸国の武士や大寺院に挙兵への呼応を命じる令旨《りようじ》（皇太子が命令伝達に用いる文書様式）を発した。

鎌倉時代後期に、幕府の歴史を幕府みずからの手によって編纂した書物『吾妻鏡』は、まさにこの治承四年四月九日条より筆を起こしている。そして続けて『吾妻鏡』は、以仁王令旨が、伊豆国北条にいた源頼朝の許へ、頼朝の叔父源行家《ゆきいえ》の手によってもたらされ、正装に着替えた頼朝が、石清水八幡宮を遥拝した後に、北条時政《ほうじようときまさ》とともに令旨を開き読んだことを語る四月二十七日条を載せる。以仁王の令旨の全文もまた、この日の条に収められており、その内容を知ることができる。

令旨は、「東海東山北陸三道諸国源氏ならびに群兵等所」に宛て、「清盛法師ならびに従類反逆輩」

を追討すべしと命ずる事書《ことがき》（文書の最初に、全体の趣旨を一文で記した見出しのようなもの）から始まる。「東海道・東山道・北陸道」すなわち東国地域の源氏及び群兵に宛てた令旨が頼朝の許に届いたことは、伝統的に培われた東国武士に対する清和源氏の統率の実績と清和源氏嫡流としての頼朝への期待によるものである。そして令旨の本文は、後白河を幽閉し、その近臣を罰した行為などを糾弾して清盛を謀反人及び仏敵と断定し、王みずからを天武天皇になぞらえて新たな皇統の創始者たらんことを宣言し、即位後の論功行賞を約束している。

ここで天武天皇が引き合いに出されているのは、天武が、兄天智天皇の朝廷を継承した大友皇子を、武力で打倒し新たな皇統を開いた戦いである壬申《じんしん》の乱が想起されているからである。すなわち天智天皇は高倉天皇に、大友皇子は安徳天皇にあたることになる。以仁王は、これから始まらんとする平氏打倒の戦いを、遠い過去の内乱になぞらえたのである。ちなみに令旨を奉じた（令旨を発した以仁王の意を受けた）人物として名の見える源仲綱《なかつな》は、頼政の子息にあた

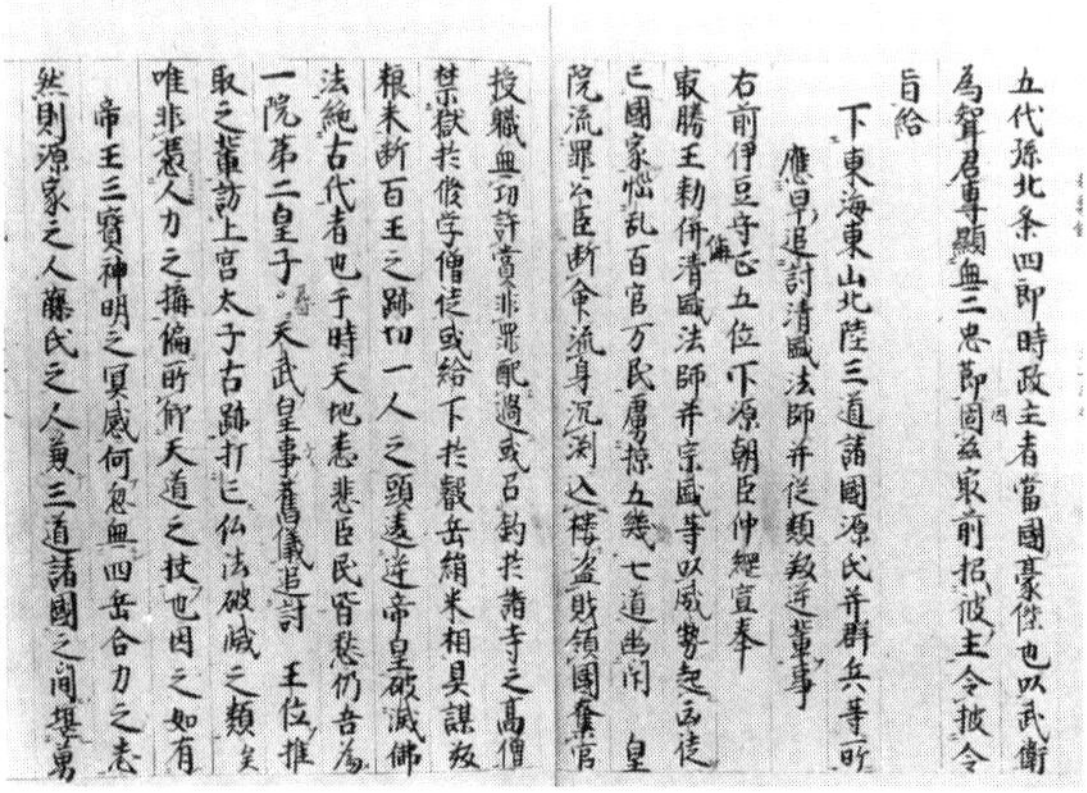
五代孫北条四郎時政主者當國豪傑也以武衛
為聟君専顕無二忠節因玆最前招彼主令披令
旨給
下　東海東山北陸三道諸國源氏并群兵等所
應早追討清盛法師并従類叛逆輩事
右前伊豆守正五位下源朝臣仲綱宣奉
最勝王勅偁清盛法師并宗盛等以威勢起凶徒
亡國家悩乱百官万民虜掠五畿七道幽閉　皇
院流罪公臣断命流身沈渕込楼盗財領國奪官
授職無功許賞非罪配過或召釣於諸寺之高僧
禁獄於修学僧徒或給下於叡岳絹米相具謀叛
根末断百王之跡切一人之頭違逆帝皇破滅佛
法絶古代者也于時天地悉悲臣民皆愁仍吾為
一院第二皇子尋天武皇帝旧儀追討　王位推
取之輩訪上宮太子古跡打亡仏法破滅之類矣
唯非憑人力之攝偏所仰天道之扶也因之如有
帝王三寶神明之冥感何忽無四岳合力之志
然則源家之人藤氏之人兼三道諸國之間堪勇

『吾妻鏡』治承4年（1180）**4月27日条に見える以仁王令旨**（内閣文庫，国立公文書館所蔵）

る。

『吾妻鏡』の叙述が以仁王令旨より始まることは、鎌倉幕府の始原を以仁王令旨に求める『吾妻鏡』の構想を端的に示したものといえよう。ただし、『吾妻鏡』に見える以仁王令旨には、公式の文書様式から逸脱した点が多い。そのことから、以仁王令旨を「偽作」とする見解が古くから存在しているが、その点に関しては、反逆者の発した文書の様式を、現体制下の公式の文書体系から論じることの無意味さを指摘する羽下徳彦氏の見解が重要である（「以仁王〈令旨〉試考」）。

またかりに、『吾妻鏡』の記事が、発せられた当時の令旨の内容を正確に伝えたものではないにせよ、平氏打倒の旗印に用いられた以仁王の発した文書なるものが当時存在していたことは、『玉葉』のような他の史料にも見えている。少なくとも、以仁王令旨が頼朝を動かす役割を果たしたことは認めるべきである。

流人頼朝

謀反人の子供として流刑地伊豆国にいた頼朝は、本来ならば厳しい監視下におかれるべき存在であったが、令旨を受け取った時の頼朝は、北条時政《ほうじょうときまさ》の館で保護される存在となっていた。北条時政は、桓武平氏の流れをくむとされる伊豆国在庁官人の一族の武士である。

ここで、流人頼朝の周辺の人間関係について述べたい。何しろ、対象となるのは流人の生活である。正確に事実関係を記したと思われる史料など望むべくもなく、曲筆・事実錯誤が含まれる要素が大きいことを百も承知で、『吾妻鏡』や『平家物語』などを用いた叙述となることをあらかじめ断っておきたい。

頼朝は、流人の身でありながら、伊豆国の地域権力を担う在庁官人級の武士たちとの結びつきを持つようになった。清和源氏嫡流である貴種頼朝は、やはり地方武士にとってそれなりに魅力的なものだったのである。在庁官人とは、一国の国守が任国に赴くことのなくなった平安後期に、留守所《るすどころ》と呼ばれた現地の国衙機構において、国守（この時代は、ほとんどの国が知行国化していたので、実際には知行国主のことといった方がよい）の代官である目代《もくだい》の指揮のもとに、その国の行政実務をとりしきった役人のことである。在庁官人の多くは武士化した有力豪族であり、代々その地位を世襲するようになっていた。たんに在庁と呼ばれる場合もある。

頼朝は、そのような伊豆国の在庁官人の一人である伊東祐親《いとうすけちか》の娘との間に男の子をもうける。謀反人の一族頼朝の子を娘が宿したことを聞くと、平氏家人としての立場をはばかる祐親は激怒し、子供の命を奪った上、頼朝の殺害をはかる。頼朝は辛くもこれを逃れた。

伊東祐親とは異なり、頼朝を保護する立場を選んだのは、同じく伊豆国の在庁官人である北条時政であった。時政の許に身を寄せた頼朝は、先に述べたように、時政の館で以仁王令旨を受け取ることになる。

北条時政の系譜

時政の系譜について見よう。北条氏の系図にはいくつかのものがあり、それらの記載は相互にかなり異なっている。実は北条氏の祖先のことは、はっきりとしたことがわかっておらず、おおむね妥当と思われる系図を示しておこう。

まず確認すべき点は、北条氏は桓武平氏の出で、平忠常の乱後に、東国での勢力を頼朝の祖頼信に譲った直方の流れを汲むとされていた点である。これは、頼朝と関係を結ぶ上で、歴史的由緒の存在を主張するために重要な意義を持つ系譜伝承である。

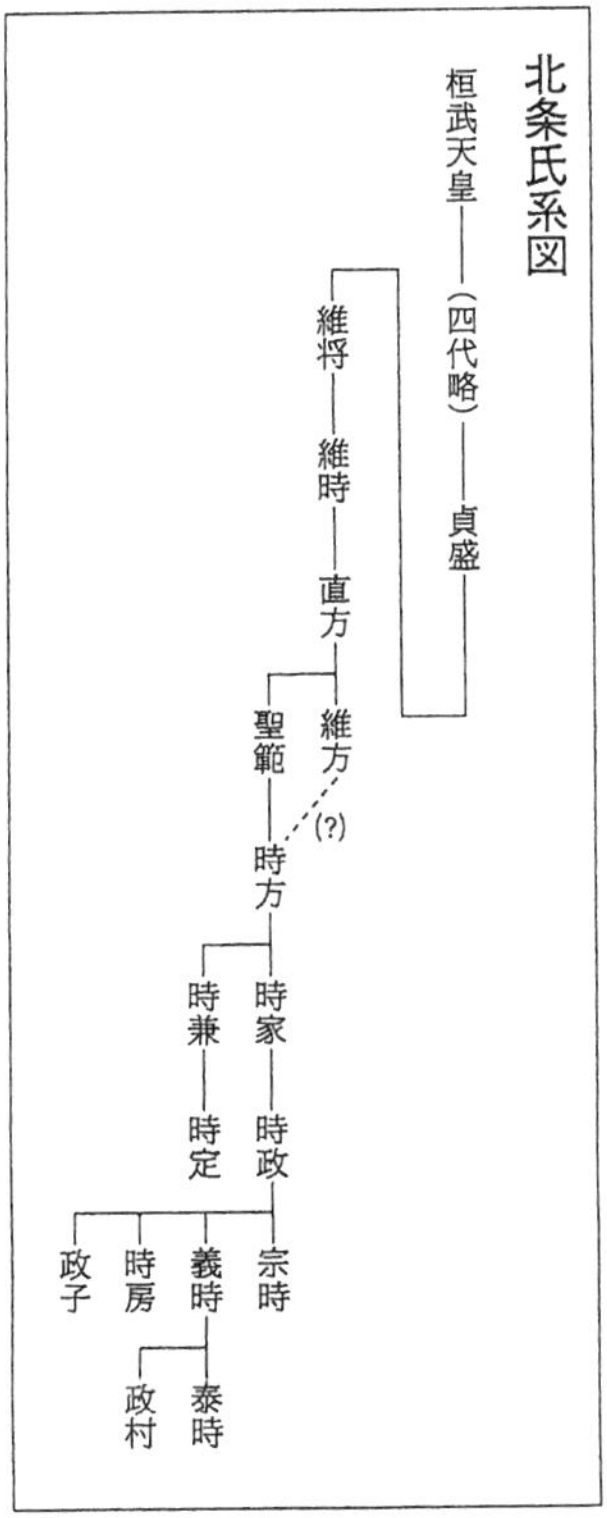

北条氏といえば、鎌倉幕府の初代執権《しっけん》時政の名をすぐに思い浮かべる人が多いだろう。だが実は、種々の北条氏系図の中に記された、それぞれの人物の肩書の表記に注目すると、時政は、長い間、官職に関わるような名乗りを持たない「北条四郎」とのみ表現される人物であったことがわかる。おそらく時政は、本来この一族の中心にはいなかったのであり、一方、系図類の中で「北条介《ほうじょうのすけ》」という官職のような肩書が記された時《とき》

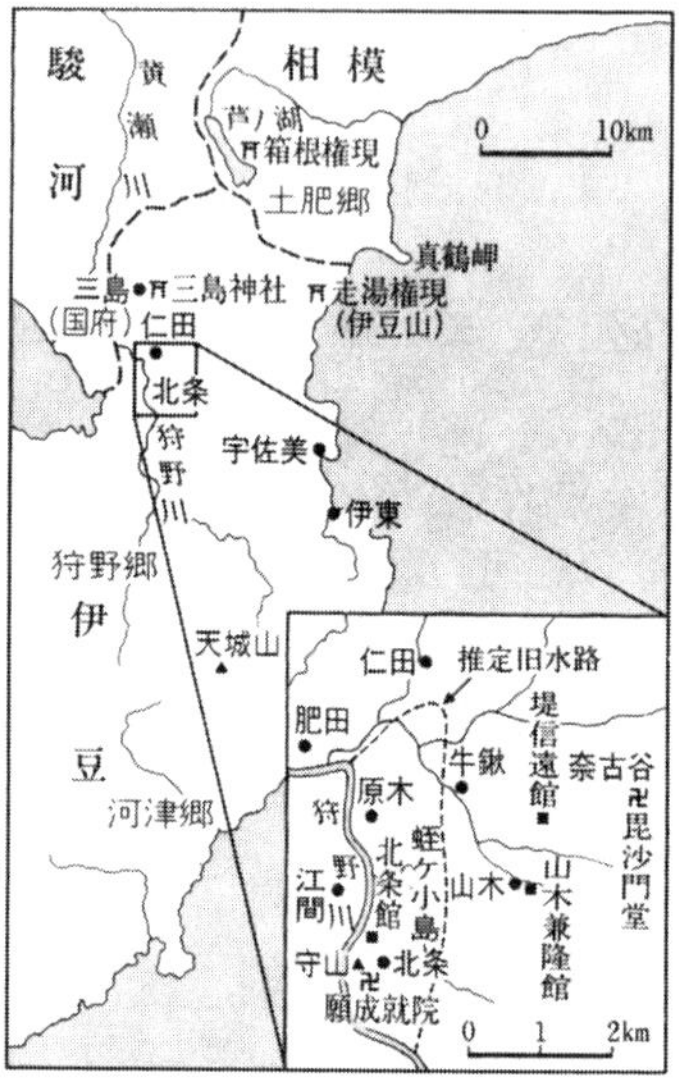

伊豆国韮山関係図（五味文彦著『鎌倉と京』より）

兼《かね》とその子である時定《ときさだ》の一流の方が、北条氏の本来の主流であったと見るにふさわしいと思われる。すなわち時政は、実は、北条氏という在庁官人の一族の傍流であったことになる。

　しかし、娘の政子が頼朝と結婚したことから、時政は、清和源氏嫡流という武家棟梁の血を引く頼朝の外戚となり、その後見者の地位を得ることになった。時政は、流人頼朝の監視役からその保護者へと立場を変え、東国の武家社会の中での北条氏の地位を高めるとともに、北条氏一族の中でのみずからの地位を高めるきっかけをつかんだのである。

　頼朝が生活の場としていた時政の本拠地である北条の地は、伊豆国田方《たかた》郡に位置し、現在の静岡県田方郡韮山《にらやま》町域に相当する。「条」は、律令制の地方行政単位である郡あるいはその下の単位の郷よりさらに小さい規模の領域を指し、郡規模あるいはそれ以上の範囲に領域支配を展開する三浦氏や千葉氏といった他の関東の武士団に比して、北条氏は必ずしも広大な領域を支配していた武士ではなかったことが推測される。

北条時政の館は、守山《もりやま》という小山の麓にあったと推定される。ここには現在、北条氏に関係する史跡として願成就院《がんじょうじゅいん》がある。願成就院は、元来行基《ぎょうき》の開いたとされる古刹《こさつ》だが、一一八九年（文治《ぶんじ》五）、頼朝が平泉の奥州藤原氏との戦いの勝利を祈願して、時政に命じて再建させたものである。仏師運慶《うんけい》作の不動明王像《ふどうみょうおう》・毘沙門天像《びしゃもんてん》が安置されていることでもよく知られていよう。

円成寺遺跡

この願成就院の裏手に「円成寺《えんじょうじ》遺跡」と命名された遺跡がある。円成寺とは、鎌倉後期の得宗《とくそう》北条貞時《さだとき》の妻で最後の得宗高時《たかとき》の母にあたる覚海円成尼《かくかいえんじょうに》の建立した寺院のことで、この円成寺が「伊豆国北条宅」の跡に建てられたと記した文書史料が存在することから、この場所がまさに北条館にあたるのではないかという推測が、かなり以前よりなされてきた。近年、この遺跡の発掘調査から、その推測を裏づける成果が示された。

すなわち、遺跡から、大量の舶載《はくさい》陶磁器、つまり大陸より船で我国に運びこまれた陶磁器が発見され、その陶磁器の様式の分析結果から、もっとも大量の陶磁器がこの地に運び込まれた時期が、十二世紀末から十三世紀初頭であることがわかったのである。この時期は、頼朝の挙兵の時期とほぼ重なる時期になる。

遺跡の地点は、後に下田街道とよばれるようになる南北道路と、平安末期に「牛鍬《うしくわ》大路」とよばれていた東西道路が交わる地点に近く、また伊豆国最大の河川であり、駿河湾にそそぐ狩野《かの》川に接している。残念ながら北条の地そのものにおける「港湾設備」の類の確認はなされていないが、北条氏は、以上のような水陸の交通の利点を活かし、交易に大きな関わりを持っていたとする推測は許されるのではないだろうか。とくに、遠隔地との大量の物資のやりとりをする上では、河川・海の水上交通の果たす役割は大きなものとなる。

北条氏という武士は、所領の規模あるいは農業生産力の面に関しては必ずしも大きな勢力を持った武士とは見られないにもかかわらず、流通との関わりによってかなりの経済力を持ち、それが流人頼朝の生活を支えていたのではないだろうか。

ちなみに、頼朝の配流地としては、蛭が小島という地名が著名である。「蛭《ひる》が小島《こじま》」という呼び名は、狩野川の古い河道が作った中州の一つの地名に由来するものと思われる。現在この地には石碑が立っているが、これは江戸時代の人の推定によるものであり、先にふれた円成寺遺跡の地とは少し離れた場所にある。当然、頼朝の行動範囲の中にあると考えてよい場所だが、この石碑のある場所それ自体を頼朝の暮らした場所とするのは無理なようである。

やがて時間の経過とともに、清和源氏嫡流としての権威を仰ぐものたちが頼朝周辺の許に集まり、その中から頼朝に近侍《きんじ》するものが現われるようになった。武蔵国の武士である安達盛長《あだちもりなが》や、同じく武蔵国比企《ひき》郷に住んでいた頼朝乳母の比企尼も頼朝の身辺の世話をしていた。安達盛長は、比企尼の女婿にあたる人物であり、また比企尼は、甥の能員《よしかず》を養子として頼朝に近侍させていた。この他、流人頼朝の生活を支援した武蔵国の武士に、平治の乱で義朝に従った足立遠元《あだちとおもと》がいる。

頼朝の流された伊豆国では工藤茂光・宇佐美助茂《うさみすけしげ》・天野遠景《あまのとおかげ》といった武士が、そして隣国の相模国では土肥実平・岡崎義実といった武士が頼朝に接近するようになっていた。また、近江源氏出身で、平氏の支配に服しなかったために、近江国の所領を追われ東国に下って来ていた佐々木秀義《ささきひでよし》の子である定綱《さだつな》・経高《つねたか》・盛綱《もりつな》・高綱《たかつな》の四兄弟といった者たちが、頼朝の周辺を訪れるようになっていた。

ユニークな人物としては、摂津国渡辺党の武士の一族で、出家後、熊野で荒修行を行なった僧侶である文覚《もんがく》がいる。『平家物語』には、彼が頼朝の父義朝の「しゃれこうべ」を見せながら、頼朝に平氏打倒の挙兵をすすめた話が見えている。とても事実そのままとは考えられないが、流人頼朝の生活にかかわる興味深い説話である。

京都の情勢は、それなりに頼朝の耳に入っており、一一八〇年（治承四）五月十日には、藤原秀郷流の武士で、下総国下河辺荘《しもこうべ》を本拠地としていた下河辺行平《ゆきひら》から、以仁王・源頼政の挙兵準備についての報告がなされている。しかし、頼朝が挙兵の決意を固めるには、今しばらくの時間が必要であった。

以仁王・頼政、挙兵から討ち死にへ

以仁王の計画は、早々に平氏の知るところとなった。平氏は、「謀反人」以仁王を源以光《もちみつ》と改名させた上で、土佐国への流罪を決定した。五月十五日、王を捕らえるために三条高倉の御所に押し寄せた追っ手を、伺候《しこう》していた武士である長谷部信連《はせべのぶつら》の捨て身の行動で辛くも逃れた王は、僧兵の勢力を頼って園城寺に逃れた。

少し遅れて二十二日、源頼政が、京の近衛河原にあった自分の邸宅を焼きはらった上で、王に合流した。しかし、以仁王と頼政の挙兵には、あまりにも準備が不足していた。令旨にこたえる諸国源氏の武士の動きはまだはっきりとは現われておらず、王が身を寄せる園城寺も、必ずしも寺全体が反平氏の立場にあるわけではなかった。平安京に近い最大の反平氏勢力と目していた延暦寺の大衆勢力が、園城寺との長年にわたる反目や平清盛の懐柔《かいじゅう》工作によって、王の許に参陣しなかったことは、とくに致命的であった。

以仁王と源頼政は、興福寺の大衆勢力を最後の頼みとして南都に向かったが、五月二十六日、宇治川における平重衡《しげひら》・平維盛《これもり》との戦いに敗れ、共に討ち死にをする。

こうして、以仁王自身の平氏打倒の挙兵は、志なかばでついえたが、鹿ヶ谷事件などとはことなり、小規模とはいえ実際の軍事行動による反平氏の動きが現われたことに対する平氏の衝撃は大きかった。これ以降の平氏政権は、まさに有事に即応した軍事政権とよぶにふさわしい展開を見せる。

福原遷都

まず、この年の六月、平氏は後白河上皇・高倉天皇を福原に移す。いわゆる「福原遷都」と呼ばれる出来事である。この措置の当面の目的は、東国で戦乱が発生し、興福寺との戦闘が予想される中、一時的に上皇と天皇を安全な場に移すことであったが、伝統的貴族勢力との軋轢《あつれき》から逃れ、平氏の直接支配下に永続的新京を構築する意図があった可能性も否定できない。

突然の「遷都」の動きに平安京の人々が混乱している真っ最中の六月十九日、朝廷の下級役人である三善康信《みよしやすのぶ》が、弟の康清《やすきよ》を使者に立てて、以仁王と源頼政の挙兵失敗の報を頼朝に伝えた。康信の母は、頼朝の乳母の妹にあたり、その縁から康信はかねてより、伊豆に配流された頼朝の許へ定期的に都の情勢を報告していた。康信は後に、鎌倉幕府の訴訟実務を扱う問注所《もんちゅうじょ》の初代執事《しつじ》（長官）となる人物である。

康信の使者は、頼朝に対して、挙兵した以仁王が源頼政とともに敗死したことを伝え、「以仁王の令旨を受けた諸国の源氏が平家に追討されようとしている。あなたは源氏の正統にあたる人物だから、とくに警戒すべきである。奥州に逃げるべきではないか」と述べた。むざむざ伊豆の地で平氏方に捕らえられるわけにはいかず、また康信の使者の勧めに従って遠く陸奥の地へ逃れる道を選ばないとなれば、頼朝にとって残された道は一つしかない。すなわち、みずからの許へ結集しうるだけの兵力を頼りに、今は亡き以仁王の令旨に応えて挙兵することのみである。かつて僧文覚の勧めにも応じなかったが頼朝が挙兵の決意をした直接のきっかけは、実はこのようにして現実に自分の身に危機が迫ったことであった。

このことは、何も頼朝だけにあてはまるわけではなかったろう。すでに以仁王の謀反が起きてしまった段階で、それとの関わりを疑われる立場にある者すべてにとって、事態は危機的なものであった。諸国の源氏武士に追討の危機が迫り始めた六月二十四日、頼朝は、源氏累代《るいだい》の家人に宛てた書状をしたため、安達盛長を使者として、挙兵への参加を求めた。二十七日には、内裏大番役を終えて帰国する途中に北条館の頼朝の許を訪れた三浦義澄《よしずみ》・千葉胤頼《たねより》が、頼朝との密談によって挙兵の意志を伝えられている。そして七月五日には、かねてから頼朝が帰依していた伊豆走湯山《そうとうさん》の僧覚淵《かくえん》にも決意を伝え、戦勝祈願が始められる。

八月二日、相模国に本拠地を持つ武士で平氏の家人であった大庭景親《おおばかげちか》が、平清盛の命を受けて東国に下って来た。頼朝の気持ちを最終的に固めさせる情勢の緊迫である。永井晋氏によれば、景親下向の直接の目的は、伊豆国にいると見られた源頼政の孫有綱《ありつな》の追捕であり、頼朝に追捕の手が及ぶとする三善康信の予想は、「完全な判断ミス」であるという（『鎌倉幕府の転換点』）。清盛の指示の内容自体に関しては、あるいはこの段階での頼朝は視野の外に置かれていたと見てよいかも知れないが、伊豆国及びその周辺の国々の平氏家人たちが、頼朝を放置したままにする保証があったとは思われない。以仁王挙兵後の平氏政権の対応は、少なくとも頼朝自身にとっては「いまそこにある危機」であり、挙兵の最終決断を迫る「現実の事態」となっただろう。ともかく、頼朝に猶予の時間は残されていなかった。

反平氏の挙兵に踏み切った頼朝が、最初の軍事行動の標的に選んだのは伊豆国目代山木兼隆《もくだいやまきかねたか》だった。

攻撃の目標とされた山木兼隆とは、平氏重代の家人信兼《のぶかね》の子で、この前の年の一一七九年（治承三）、父信兼との関係を悪化させたことから、検非違使などの朝廷官職を剝奪され、伊豆国に流されていた人物である。つまり兼隆は、そもそも頼朝同様の流人であった。しかし、源頼政の挙兵にともない、一一八〇年六月、平清盛の妻時子《ときこ》の兄弟である平時忠《ときただ》（「平家にあらずんば人にあらず」という言葉をはいたとされる人物）が、頼政の知行国であった伊豆国の新たな知行国主となったことにともない、兼隆は伊豆国内の軍事部門を司る目代の地位を得ていた。そして、北条時政と同じように伊豆国の在庁官人であった堤《つつみ》権守信遠《のぶとお》という人物を後見人とし、平氏の威光を一身に帯して、田方郡ひいては伊豆国全域に及ぶ勢力を誇るようになっていた。

『平家物語』によれば、時政は兼隆を娘政子の婿にしようとしたという。もし本当だとすれば、頼朝をめぐる三角関係の構図が浮かぶが、これは虚構と見た方がよいと思われる。

前に述べたように、目代とは、留守所にあって知行国主の命を受け、知行国主の代官として在庁官人を指揮統括する存在である。すなわち、頼朝の挙兵は、伊豆国の田方郡の中で隣接して勢力を張る、在庁官人および目代をつとめる武士の間の武力衝突という形ではじまったということができる。平氏一門の人物の目代をつとめる兼隆は、平家打倒の挙兵の口火を切るにあたって、まさに格好の攻撃対象であった。

兼隆館の攻撃のために、藤原邦通《くにみち》（京にいた人物だが、安達盛長の推挙で文筆家として頼朝に仕えていた）による館の見取り図が作成され、攻撃計画は、挙兵に参加する武士の一人ひとりに、頼朝自身の口から個別に伝えられた。こうした周到な準備を経て、佐々木氏の四人の兄弟が頼朝の許に到着した八月十七日の夜、三島神社の祭礼という機会に乗じて、平氏打倒をめざす頼朝の挙兵が決行される。兼隆館を守るべき武士の多くが、三島神社の祭礼の警護に出向いていたのである。そして、頼朝の命を受けた北条時政の一隊が、北条館の東に位置する山木兼隆の館を攻め、夜を徹した長い戦いの末、兼隆を討ち取り、伊豆国での頼朝の挙兵は、まずは最初の成功を収めることができたのである。

頼朝の命令文書

『吾妻鏡』は、山木攻めに成功した二日後の記事（八月十九日条）に、「関東の事施行の始め」として、頼朝が次のような命令を文書として発したことを記している。

下す　蒲屋御厨住民等の所

早く史大夫知親の奉行を停止《ちょうじ》すべき事

右、東国に至りては、諸国一同庄公、皆御沙汰たるべきの旨、親王宣旨の状明鏡《めいけい》なりてえれば、住民等その旨を存じ、安堵すべきものなり。よって仰するところ故《ことさら》にもって下す。

『吾妻鏡』の地の文も参考にして、この文書の内容を説明してみると、時政たちが血祭りにあげた山木兼隆の縁者にあたる中原知親《なかはらのともちか》（史《し》という朝廷の下級実務役人出身で、伊豆国の行政を司っていた人物）が、伊豆国蒲屋《かばや》御厨という荘園を知行していたが、日頃非法な振る舞いが多く、住民が苦しめられているため、「親王宣旨状」(＝以仁王令旨)によって東国の荘園・公領に関する問題の裁決権を委ねられた立場から、頼朝の命令によって、知親の知行を否定する、というものである。

緒戦の勝利後、ただちに頼朝がこのような文書を発したことはまことに興味深いが、実は、この文書には不審な点が見出せる。まず、「故にもって下す」という末尾の文(書止《かきと》め文言と呼ぶ)が、あまり例を見ないものである。また、以仁王令旨の中には、この文書に見えるような、頼朝に東国の荘園・公領に関する問題の裁決権を委ねるくだりはない。また、この文書の様式は、幕府成立当初に頼朝が命令伝達文書として最も一般的に用いた下文《くだしぶみ》というものであるが、治承四年段階の実例には、真偽の疑わしいものしか残されていない。

そして、ある意味ではこれがもっとも決定的な点となるが、この文書が誰に宛てられ、誰の許に伝来し、どのようにして、鎌倉時代末期に成立したと推定される『吾妻鏡』の編纂材料とされたかが、まったく不明である。この下文は、形式的には「蒲屋御厨住民等の所」を宛所《あてどころ》(宛先)としている。だが、古文書学の確認する中世文書の大原則である「文書は、それが直接に利益をもたらす者を、実際の宛所とする」に従った時、誰に宛てられたかが明らかにされていない。本来ならば、あらたに蒲屋御厨の知行人(幕府成立以後ならば、通常は地頭職《じとうしき》)として、その権利を頼朝に安堵された者が実際の宛所となるべきところである。

結論としては、この下文は偽文書とせざるをえない。しかし、それにもかかわらず、あるいはそれだからこそ、『吾妻鏡』が、わざわざこの下文発給の記事を載せたことの意味が重要となる。おそらく『吾妻鏡』の編者は、頼朝の用いた文書様式の代表である下文が、以仁王令旨に基づいて挙兵直後に発せられたことを、頼朝による最初の統治行為としてもっともふさわしいものと考え、記念すべき幕府支配の第一歩として明記したのであろう。ここで、以仁王令旨によって委任された権限が「東国沙汰」であったことに注目したい。新たな皇統を開こうとする人物の命令に従って東国を支配する権力、それが鎌倉幕府のもっとも根源的な姿として、幕府当事者に意識されていたことを、この下文から読みとることができよう。全国政権として幕府権力が確立した鎌倉時代後期の段階においても、そのような幕府の始原の姿が記憶されていたのである。

三　挙兵後の頼朝の動向

伊豆一国で勝利をおさめたとはいっても、頼朝の周辺には、圧倒的に多くの平氏の家人である武士の勢力が存在した。頼朝が次に頼りとしたのは、相模国の武士で同国の有力在庁官人であった三浦氏である。頼朝の率いる軍勢は、伊豆国を出て、東の相模国に進んで行く。ところが、相模国に入った頼朝に大きな試練が訪れた。伊豆での挙兵から六日経った八月二十三日、頼朝の軍勢は、相模国石橋《いしばし》山《やま》の合戦で大庭景親・伊東祐親の軍勢に敗北を喫してしまったのである。頼朝の軍勢はちりぢりになり、頼朝自身は何とか箱根山に身を隠した後、土肥《とい》の真鶴《まなづる》岬から船出し、海上への脱出に成功した。一方、北条時政は頼朝と別行動をとり、甲斐国へ向かった。武田信義《たけだのぶよし》等をはじめとする甲斐源氏の武士を組織するための行動であった。

三浦氏一族と清和源氏の主従関係

頼朝は、江戸湾上で、待ちに待った三浦氏一族の義澄等と合流し、房総半島に向け無事に船を進めることができた。

流人時代の頼朝を保護し、伊豆国での緒戦の勝利にもっとも貢献したのが北条氏一族であるとするならば、頼朝の戦いの第二段階でもっとも重要な役割を演じたのは三浦氏一族であった。

三浦氏もまた、北条氏同様に桓武平氏出身の武士である。北条氏の場合と同じように、三浦氏の出自に関する古い時代のことは、いくつかある系図の記述の違いが大きいため、はっきりとはわからないが、この一族が三浦の地に関わりを持つようになったのは為通《ためみち》の代の頃と考えられている。その子の為継《ためつぐ》（為次）になると、ある程度確実性の高い文献にその名が見られる

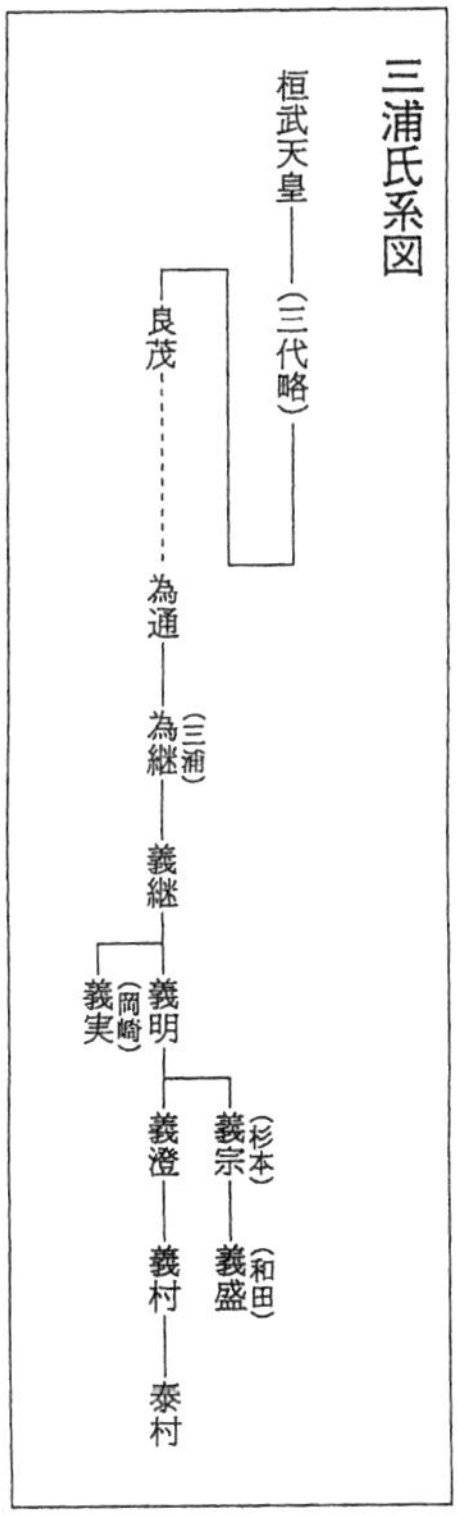

ようになり、「相模国のつはもの」と称され、後三年の役に源義家に従って活躍した人物であることが知られる。為継の代までに、三浦氏という一族は、相模国の三浦郡を本拠地とする領主として、相模国を代表する有力な武士となり、清和源氏との主従関係を結ぶようになったのである。

為継の子の義継《よしつぐ》は、頼朝の父義朝に仕え、さらに義継の子の義明《よしあき》もまた義朝との間に主従関係を結んでいる。鎌倉幕府の成立に深く関わりながら、三浦氏の勢力が台頭する過程でもっとも重要な位置にいる人物が、この義明である。

義明は、天治年間（一一二四―二六）より、相模国の在庁官人として相模の国衙行政に加わっていた。義明が名乗った「三浦介《みうらのすけ》」という呼称は、朝廷が正式に任命する国司の二等官の「介」ではなく、在庁官人の地位を示すものである。先ほど述べたように、北条氏の一族にも「北条介」という呼称を持つものがいたが、これもまた伊豆国の在庁官人の地位を示すものである。この時期の武士で「何々の介」と名乗るものは、この他にも多く見られ、それらはいずれも在庁官人の地位と関係があると考えられている。

頼朝の挙兵の報を聞き、三浦義明の子義澄等の軍勢が、頼朝の援軍として伊豆国に赴いた。しかし、大雨による酒匂川《さかわ》の増水に進路を阻まれ、伊豆までたどりつくことができず、三浦へひきかえさざるをえなくなった。その後、鎌倉由比の浦において、平氏方で武蔵国の武士である畠山重忠と戦いになり（小壺坂《こつぼざか》合戦）、これを破り、ようやく本拠地の三浦半島にたどりついている。

由比の浦での戦いの雪辱を期して、八月二十六日、畠山重忠が、かねてから三浦氏と勢力争いをしていた武蔵国秩父党の武士である河越重頼《かわごえしげより》・江戸重長《えどしげなが》とともに三浦氏の本拠地である衣笠《きぬがさ》城を襲い、激しい攻防戦が展開される。八十九歳の老齢であった三浦氏一門の当主義明は、この時の戦いで衣笠城において討ち死をする。『吾妻鏡』は、義明がこの時次のように述べたと記す。

われ、源家累代の家人として、幸いにその貴種再興の秋《とき》に逢うなり。なんぞこれを喜ばざらんや。保つところすでに八旬有余なり。余算を計るに幾《いく》ばくならず。今この老命を武衛《ぶえい》（頼朝）に投げ、子孫の勲功を募《つの》らんと欲す。

まぎれもない平氏方の武士である義明が、より古い歴史を持つ源氏との主従関係を根拠として、平氏への裏切りを肯定した言葉である。義明は、当面の利害を考慮した上で一時的契約により平氏家人になっていたとはいえ、頼朝の挙兵が現実のものとなった時点で、古くからの三浦一族と清和源氏の主従関係を再確認し、その立場をあっさりと逆転させたのである。三浦氏に限らず、以後次々と関東の平氏家人が頼朝方に寝返る「論理」には、あらかたこのような共通性が見られた。

ここで、先ほどの北条氏のように、三浦氏の勢力基盤について、少し細かく見ることにしよう。三浦氏の本拠地があった地域は、現在の神奈川県横須賀市大矢部《おおやべ》地区にあたり、大矢部川がつくる東側に開けた大きな谷間に相当する。三浦氏の館は、この地にあったと考えられ、また非常時における三浦氏の城である衣笠城が、谷間の奥の西側にあった。衣笠城は、切り立った崖と川に周囲を囲まれた、まさに城郭を形成するにふさわしい要害の地である。

衣笠城跡に、現在経塚《きょうづか》が残されている。経塚とは、仏経の経典とそれに関連する品々を地中に埋葬した遺跡である。大正年間の発掘調査で、この経塚から、銅製の経筒や中国の景徳鎮《けいとくちん》の作品とされる青白磁の水滴（硯に水を入れる時の水差し）などきわめて高価な遺物が見つかっている。これら遺物が三浦氏一族と関係したものであることは確実で、この一族の経済力の豊かさを示すものといえる。

「海の武士」＝三浦氏

頼朝が挙兵した時代、三浦氏の本拠地の一帯の東側には、現在以上に海が深く入り込んでおり、三浦氏の本拠地は、背後に城郭、正面に海を持つ地であったことになる。この地の利を活かし、海上流通に積極的な関わりをもつことで、三浦氏は遠く中国大陸の磁器を手に入れることができたのであろう。ちなみに義明の小義澄は、安房国の地理にくわしい武士という評判を得ていた。三浦氏が、その本拠地である三浦半島の対岸にある安房国の地理に明るかったのは、頻繁に船によって江戸湾を渡っていたからにちがいない。三浦氏は相模国の在庁官人として、相模国衙の船の管理に携わっていたとも考えられ、三浦氏は、水上交通に関わりを持つ、いわば「海の武士」というべき性格を持っていた。頼朝が江戸湾を渡海するために、三浦氏の存在は不可欠だったのである。

なお、大矢部地区には、現在も三浦氏に関係の深い寺が多く存在する。その一つである満昌寺《まんしょうじ》は、衣笠城で討ち死にした三浦義明の功績に報い、源頼朝が一一九四年（建久五）に、義明を追善するために建立した寺である。

関東の有力な在庁官人層の武士の多くは、平氏全盛の時代には、平氏の家人となっていた。しかし、その中には、平氏のもう一方の武家の棟梁である清和源氏との古くからの結びつきを持つ（あるいはそのような伝承を持つ）武士団が少なくなかった。そして、所領を維持し、さらなる勢力の拡大をめざす武士の中からは、平氏に見切りをつけ、武士団を統率する新たな権威として頼朝に付きしたがうものたちが現われてきた。北条氏と三浦氏は、それぞれ常に近隣武士団との勢力争いをくりひろげており、それに勝ち残るために、より有利な権威を求め、源氏の嫡流に運命を託した武士団の代表であった。

また、北条氏や三浦氏をはじめ、頼朝の初期の戦いで活躍する武士の多くが有力な在庁官人層であったことは、頼朝の挙兵の成功に大きな意味を持った。平安時代の後期より、在庁官人として公的な領域支配権を有し、大きな軍事力と経済力を持ち合わせた彼ら関東の武士団の力を得られたからこそ、流人の身であった頼朝は、平氏との戦いを始めることができたのである。

伊豆国の在庁官人北条氏の力を得て挙兵に成功し、相模国の在庁官人三浦氏の助けによって危機を乗り越えた頼朝は、八月二十九日、安房国の猟島《りょうじま》というところに到達する。安房国には、かねてより頼朝と親交のあった、在庁官人である安西景益《あんざいかげます》という武士がいた。頼朝は、景益に「安房国の在庁官人をひきつれて、京都より下ってきたものたちを捕らえよ」と命じる。頼朝は、安房国においても、在庁官人層の武士の勢力を頼りとしたのである。

この時の安房国が、特別に平氏方の武士で満ちあふれていたわけではなく、頼朝の命令内容は、平氏追討を命じた以仁王令旨の内容を越える、明白な朝廷権力への反逆行為を意味した。ちょうど平将門が朝廷への反乱の態度を明確にした時、京都から派遣されていた国司を追放したことと同様に、みずからの実力で東国を支配下に収める姿勢を示したものと評価できる。

頼朝の挙兵の知らせを、京都の貴族たちはどのように受け止めていたのだろうか。右大臣九条兼実は、その日記『玉葉』の治承四年（一一八〇）九月三日条に、次のように記す。

伝え聞く。謀反の賊義朝の子、年来配所の伊豆国に在り。しかるに近日、凶悪を事とし、（中略）およそ伊豆・駿河国を押領しおわんぬ。（中略）彼の義朝の子、大略謀叛を企つるか。あたかも将門のごとし、と云々

兼実のような朝廷の要人が、特別に情報に疎いとは思われず、この記述にうかがえる認識のレベルは、おおむね当時の貴族たちのそれを代表するものといってよいだろう。注目されるのは、「頼朝」の名すらきちんとは認識されず、その挙兵が、あくまで平治の乱の謀反人の子が、関東で再び反乱行動に出たものとしてのみ語られている点である。

兼実が、将門の蜂起を想起したことは、承平・天慶の乱が、平安末期の貴族たちの間で、いまだに東国における忌まわしい出来事として記憶されていたことを示しており、要するに頼朝の行動の評価

は、その程度のものであった。ほどなく、その頼朝と密接な政治交渉を行なうようになるとは、この時の兼実はまったく予想しなかったろう。ちなみに、頼朝が「押領」した国として、伊豆国とともに、頼朝の行き先とは正反対の駿河国があげられているのは、甲斐源氏による駿河国での戦い（後述）の知らせが多少混乱して伝えられたものであろう。

また、権中納言中山忠親《ただちか》の日記『山槐記《さんかいき》』治承四年九月四日には、「或る者云わく、故義朝の男兵衛佐頼朝、義兵を起こす、と云々。伊豆国を虜掠《りやくりよう》す。坂東騒動す」という記述が見える。ここでは頼朝の名を記し、以前の官途《かんと》まで記した上で、その行動を「義兵」と記すなど、兼実の日記とは違いを見せる。忠親自身は平氏と良好な関係を結ぶ貴族であるが、朝廷内にうずまく反平氏感情、あるいは以仁王の決起への共感が一定程度反映したものと見ることもできるだろう。

四　頼朝の鎌倉入り

房総半島の一角に拠点を確保した頼朝は、遠く鎌倉をめざし、まもなく房総半島の西側を北上しはじめる。

小山朝政《おやまともまさ》・下河辺行平・豊島清元《としまきよもと》・葛西清重《かさいきよしげ》といった関東の武士に対する軍勢への参加が呼びかけられた九月三日、安房国の住人で平氏家人の長狭常伴《ながさつねとも》による頼朝襲撃が企てられたが、安房国の「案《あ》内者《ないじゃ》」（土地カンのある者）である三浦義澄が、事前にこれを察知し、撃退している。対岸の三浦半島に拠点を持つ義澄が、海上交通によって安房国との往還をしていたことが、ここでも頼朝を助けることとなった。そして、どうやらこれ以前から、安房国において三浦氏と長狭氏は勢力争いをしていたらしく、頼朝挙兵に乗じて、義澄が一挙に抗争に片をつけたというのが、この出来事の本質の一端であるといえる。

安房国を出て、房総半島を北に進む頼朝の行動の成否は、当面この地域を代表する大武士団で在庁官人の地位にあった上総国の上総広常《ひろつね》、下総国の千葉常胤《つねたね》の去就にかかっていた。両勢力の妨害にあった場合、武蔵国の武士団との合流は不可能となるからである。

九月四日、頼朝は、上総広常に和田義盛《わだよしもり》を、千葉常胤には安達盛長を使者として送り、平氏打倒の戦いへの参加を求めている。確かに、遠くは頼朝の父祖の頼信が、上総氏・千葉氏の父祖平忠常を臣従・帰順させ、近くは保元の乱において、上総氏と千葉氏は、頼朝の父義朝方の武士として戦っている。義朝は「上総御曹司」と呼ばれたように、とくに上総国と因縁が深かった。だが、そのような経緯こそあれ、現在では、上総氏・千葉氏いずれも平氏政権に忠誠を尽くす立場にある。北条氏・三浦氏のような行動に踏み切ることができるか、上総・千葉両氏の思惑の行方に、頼朝は大いに気をもんだにちがいない。

千葉常胤の帰順

九月八日、千葉常胤の帰順の知らせが、頼朝の許に届いた。常胤は、「源家《げんけ》中絶跡《ちゅうぜつのあと》」を興す機会に出会えたことに感激の涙を流し、手勢を率いて頼朝を出迎えることを、使者である安達盛長に約した。当面する利害の判断もあったろうが、常胤は、東国武士団と清和源氏の歴史的結びつきを踏まえて、自己の行動の方向性を決したのである。十三日に安房国を発った頼朝は、十七日に下総国に入り、平氏方である同国の目代をあらかじめ討ち果たしていた千葉常胤の出迎えを受ける。

一方、上総広常の態度は、千葉常胤とは対照的だった。当初広常は、千葉常胤と相談してから参上すると答えてはいたものの、なかなかその態度を決めず、十九日になって、ようやく隅田川の辺にまでやってきた頼朝の許を訪れた。広常は、頼朝の軍勢三百余騎を圧倒的に凌駕《りょうが》する二万余騎の兵を率いて参上し、事と次第によっては頼朝に敵対する算段で頼朝に対面した。ところが頼朝は、軍勢の違いに臆するどころか、広常の遅参を厳しく叱責した。この頼朝の度量の大きい態度に感服した広常は、ようやく頼朝への帰順を決意したという。

この広常の話は、『吾妻鏡』にのみ見える話で、その信憑性《しんぴょうせい》については疑問なしとしないが、千葉氏と上総氏の決断の背景に、それぞれある現実的な打算があったことは、重要な事実として確認しておくべきだろう。

千葉常胤は、平氏と姻戚関係で強く結ばれ平氏の権威を背景に下総国で大きな勢力を誇っていた藤原親政《ちかまさ》の一族との間で、所領支配をめぐって長く対立関係を続けていた。上総広常もまた、東国武士団統率の任を担って東国に下ってきた有力平氏家人の藤原忠清《ただきよ》（治承三年の清盛クーデターの際に上総介に任じられた）と、上総一国の支配の主導権をめぐって対立関係に入っていた。新たな関東の覇者への道を歩み始めた頼朝の軍勢に加わることで、千葉氏と上総氏はいずれも、当面の対立勢力を打倒する道を選択したのである。

房総半島の武士団を従えたことで、下野国の在庁官人である小山朝政といった北関東の有力武士が、一挙にその兵力を増大させた頼朝の軍勢に加わり、その兵力は五万騎にも及んだ。小山氏は、藤原秀郷流の武士で、下野国寒川《さむかわ》御厨（小山荘）を本拠地としていた。

ただしここで注意しておきたいのは、頼朝の軍勢に加わらなかった関東の武士も、決して少なくなかったことである。頼朝に味方した東国の武士団は、頼朝の軍勢に加わるに際して、伝統的な源氏の関わりを強調してきたが、逆に、古くより源氏との関係を持った武士がすべて反平氏の態度をとったわけではない。たとえば、流人時代の頼朝殺害を企てた伊豆国の伊東祐親や、石橋山で頼朝と戦った相模国の大庭景親は平氏家人の立場を貫いたし、同じく相模国の山内《やまのうち》首藤《すどう》経俊《つねとし》は、父祖が源氏家人であったにもかかわらず、頼朝からの参陣のよびかけに「悪口」をもって拒否している。

もし、頼朝が一度兵をあげれば、関東の武士が自動的にそれに呼応する状況が存在したならば、清盛たち平氏が、謀反人義朝の子である頼朝を関東の伊豆国などには配流しなかったろう。関東武士団相互の勢力争いの中で、みずからの利害関係に有利に働くと判断した武士が頼朝に味方したのであり、

治承4年における挙兵後の源頼朝の動き（五味文彦編『京・鎌倉の王権』より）

その際の格好の旗印として、父祖と清和源氏とのつながりが言及され、再確認されたのである。もちろん、そのような関東武士に対し、関東における清和源氏の歴史を十分に認識しながら働きかけを行なった頼朝の能動的な組織力も評価すべきではあるが。

十月になると、畠山重忠・河《かわ》越《ごえ》重頼《しげより》・江戸重長など武蔵国の有力武士が、次々と頼朝に服属する。畠山重忠は、頼朝挙兵後に三浦氏と戦っており、頼朝への帰参が容易に許される立場にはなかった。だが重忠は、三浦

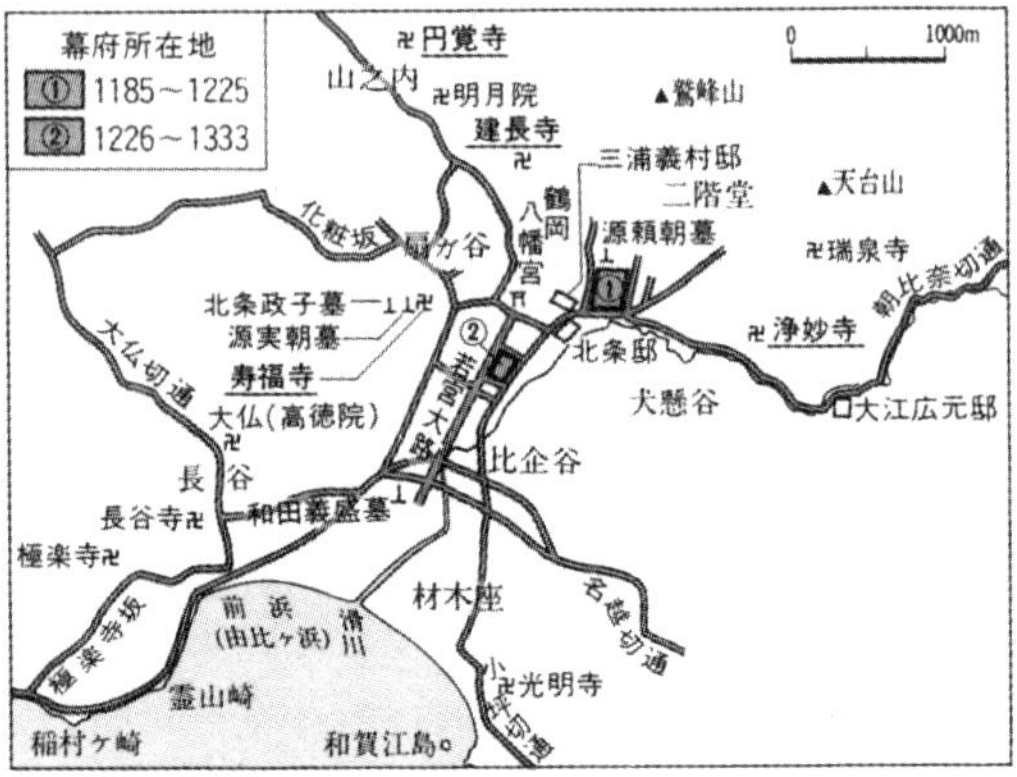

鎌倉とその周辺

氏との戦いは平氏の恩を返すためのもので、それを果たした今は頼朝に忠誠を誓う旨を述べ、三浦氏と和解して頼朝軍に加わることが認められたのである。

見方によっては、まことにご都合主義的な弁明だが、再三述べるように、これがこの時代における武士の行動の実態だったのである。当面の利害で動く武士団の現実をふまえて、緩やかな基準で家人を組織し、参陣の際のハードルを低くした頼朝のやり方もまた、巧みなものである。

源氏と鎌倉のかかわり

こうして、関東の在庁官人級の有力武士を結集し、その勢力を急速に発展させた頼朝は、十月六日鎌倉に入る。翌七日には、鶴岡八幡宮を参拝し、亀谷にある父義朝の邸宅を訪れ、大庭景義《かげよし》に邸宅作りを命じている。当初頼朝は、父の邸宅跡に御所を構えるつもりでいたが、同所には父の菩提《ぼだい》を弔う寺院が建てられていた上に、御所としては手狭であったため、大倉《おおくら》郷に御所を構えている。

大倉御所は、平行四辺形状の敷地を持ち、現在の清泉女学院小学校が建つあたりの地に相当することが確かめられている。頼朝がこの地を選んだ理由は、陰陽道《おんみょうどう》にいう「四神相応《ししんそうおう》」、すなわち東に流水、西に大道、南に沼、北に山があり、それぞれ「青龍《せいりゅう》」「白虎《びゃっこ》」「朱雀《すざく》」「玄武《げんぶ》」という神が守護するという縁起の良い土地であったこと、鎌倉の外港というべき六浦《むつら》に続き、古くから重要な道路として用いられた六浦道に面していたことなどであった（松浦剛次『中世都市鎌倉の風景』）。頼朝以後三代の源氏将軍がこの大倉御所を用いたが、都市鎌倉の主軸線が、東西方向に走る六浦道から南北方向に走る若宮大路《わかみやおおじ》へ移行したことにより、執権政治期の四代将軍藤原頼経《よりつね》の御所は、若宮大路へ面する宇都宮辻子《ずし》御所・若宮大路御所へ移っている。

すでに述べたように、源氏と鎌倉の関わりについては、平直方よりこの地の屋敷を得た頼信の子の頼義が源氏の氏神である八幡神を勧請して源氏ゆかりの地としての鎌倉の歴史を開いたこと、および義朝が関東での支配権を築くための地盤としたという二つの画期があるが、頼朝の鎌倉入りは、それらに続く大きな画期となった。

なお、鎌倉の地には平安京をまねた碁盤目状の都市区画が成立し、現在でもその形状を確認できることは周知であろうが、頼朝の時代の鎌倉に、平安京に代表される古代都城《とじょう》の方形区画を模した形跡は見られず、鎌倉における整然とした都市計画は、頼朝の時代以降のものとみなければならない（山村亜紀「中世鎌倉の都市空間構造」）。

十一日に頼朝は、石橋山合戦以来はなればなれになっていた政子との再会を果たし、そして十五日、修造なった鎌倉の邸宅に入り、ここを東国の政権の基盤とした。一介の流人にまで身をやつした頼朝は、源氏と鎌倉の関わりの歴史を、身をもって再現させたのである。鎌倉という地に拠点を定めた幕府の歴史は、まさにこの日に始まる。

翌十六日に、箱根権現に相模国早河《はやかわ》本荘を寄進したのに始まり、頼朝は関東の有力寺社への所領寄進を始める。頼朝は、その生涯を通じて信仰心の厚さを示し続けた人物だが、薄氷をふむ出来事を切り抜けて、無事鎌倉に入った頼朝の心境は、さぞや仏神への感謝の念にあふれたものであったに違いない。

第四章　内乱の展開――平氏政権の滅亡から奥州合戦まで

一　「関東小幕府」の成立

以仁王《もちひとおう》令旨を受けて、反平氏の挙兵をした源氏の武士は、もちろん頼朝だけではなかった。『平家物語』の「源氏揃」の段には、その名の通り、令旨による源氏の動員対象が源頼政の言葉を通して列挙されている叙述があるが、そこでは、頼朝・義経の他、在京及び摂津・河内・大和・近江・美濃・尾張・甲斐・信濃・常陸といった各国の源氏武士の名があげられている。もちろん、これらが令旨の送られた源氏のすべてではないだろう。忘れられがちな人物に、土佐国介良《けら》荘に流されていた頼朝の同母弟の源希義《まれよし》がいる。彼は、頼朝の挙兵後、平氏の追討の対象とされ、近隣の武士夜須《やす》氏を頼って逃亡中、年越山《としこし》という場所で平氏家人蓮池家綱《はすいけいえつな》・平田俊遠《ひらたとしとお》に討たれている。希義が死地を逃れることができたならば内乱の展開はどう変わっていたか、興味深いところである。

なお、以仁王が挙兵を求めたのは、源氏の武士に限られていたわけではない。『吾妻鏡』所収の以仁王令旨には、挙兵を呼びかける対象に「藤氏の人」が含まれており、たとえば小山氏のような東国で勢力を有する藤原秀郷流の武士の中にも、令旨に呼応して挙兵した者も多くいたのではないかと思われる。

甲斐源氏の武士では、すでに八月二十五日、安田義定《やすだよしさだ》・工藤景光《かげみつ》が、平氏方の俣野景久《またのかげひさ》及び駿河国目代 橘 遠茂《たちばなのとおしげ》の軍勢と甲斐国で合戦をしている。甲斐源氏は、頼朝が大いに頼みとする存在であり、頼朝がいまだ房総半島にいた九月八日、北条時政を使者として甲斐源氏に参戦をよびかけている。頼朝の呼びかけに呼応し、十日には、武田信義・一条忠頼《いちじょうただより》が平氏勢力攻撃のため信濃国に向かい、さらに十三日には、時政と甲斐源氏の武士団が駿河国に向けて進発している。

信濃源氏では、源(木曽)義仲《よしなか》が九月七日に挙兵している。義仲は、源義賢《よしかた》の次男で、父義賢は、源為義の次男で義朝の弟にあたる人物であった。すなわち義仲は、頼朝の従兄弟にあたることになる(一一六頁の系図参照)。為義と義朝の関係が悪化する中、上野国および武蔵国北部に勢力を誇っていた義賢は、父為義の側に立って鎌倉を拠点とする義朝に対抗していたが、一一五五年(久寿二)、武蔵国大蔵《おおくら》館で義朝の長男義平に討たれている。その後、義仲は乳母の夫中原兼遠《なかはらのかねとお》の許で養育され、信濃国木曽で成長している。

義仲は、信濃国の平氏勢力である笠原頼直《かさはらよりなお》を越後に敗走させ、いったんは、かつて父義賢が勢力を誇った上野に兵を進めたが、北関東進出の姿勢を見せ始めた頼朝との対決を避け、この年の内には、信濃国へと戻っている。

前の章までに述べたように、平安時代後期の源氏武士団は、その強大さにもかかわらず、一族内部の争いが絶えないために、十分な政治的な台頭を果たすことができなかった。父の代に起きた出来事である源氏一族内の近親相互の抗争は、義仲の代になっても、頼朝との対抗関係を潜在させるものであった。だが、義仲及び頼朝にとって、平氏打倒の大目的のために、これまでのような源氏武士団相互の抗争を避けることが不可欠と判断され、それぞれの行動に一定の抑制が働いたものと考えられる。この後しばらく、関東の地盤強化をはかる頼朝、平氏軍との戦いのために西に向かう義仲、といった形でそれぞれの行動の主眼は分かれていくこととなる。

富士川の戦い

大庭景親より石橋山合戦の報告を受けた平氏は、朝廷より発せられた源頼朝追討の宣旨を受けて、九月五日に平維盛と平忠度を追討使に任命する。この手続き自体は、平将門の乱や平忠常の乱といった過去の謀反の事態における措置とまったく変わるところはない。

縁起の良い日取りを選ぶことにこだわったため、九月末になってようやく都を発した総大将維盛以下の軍勢は、十月十八日に富士川西岸に陣をとった。追討軍の出発の遅れによって時間の余裕を得た頼朝は、この日、黄瀬河《きせがわ》にまで至り、甲斐源氏・信濃源氏の武士たち、そして北条時政と合流し、二十日には、富士川に近い賀島《かしま》に進み、平氏軍と対峙した。

その日の夜半のことである。川のほとりの水鳥がいっせいに飛び立つ音を、源氏方の軍勢の夜襲と錯覚した維盛軍は、恐れをなして敗走してしまう。富士川の戦いにおける挿話としてよく知られているものである。この水鳥の話は、『平家物語』に見えることで有名になっているが、同時代の貴族中山忠親の記録『山槐記』にも伝聞として記され、おおむね実話であると判断される。平氏の武士の弱さやふがいなさを象徴するものとしてしばしば言及されるが、維盛軍が予期したほどの軍勢を集められていなかったこと、そして源氏の軍勢が駿河国目代橘遠茂を破った直後であるという事情が、両軍の士気に大きな差をつけていた点に、平氏方の「不戦敗」の遠因は求められよう。

『平家物語』のような軍記物は、滅びゆく宿命にあるものとして平氏を描く歴史観に貫かれているだけに、この戦いは「必然的な平氏滅亡の予兆」として位置づけられるが、武士団の力量といった複雑な問題を、ただ一度のワンサイド・ゲームとなった戦いから議論することは慎むべきであろう。富士川の戦いの叙述などをはじめ、国民的文学作品といわれる『平家物語』が、ことさらに、「強い東国武士」と「弱い西国武士」の対比を強調し、それが後世の日本人の歴史観を強く呪縛《じゅばく》している点については、川合康氏の好著『源平合戦の虚像を剝ぐ』（講談社）などをぜひ参照されたい。

ともあれ、富士川の戦いでの勝利は、頼朝にとって大きな意味を持ったことはまちがいない。平氏の追討軍を打ち破ったことは、頼朝の権威を高め、東国の源氏武士団に大きな自信を与えた。とくに、富士川の戦いにおける源氏方軍勢の主力が信濃源氏・甲斐源氏であったことは、彼らの存在を大きく誇示する結果をもたらした。後の史実から受ける先入観を排して、この時期の頼朝と信濃源氏・甲斐源氏の関係を見れば、かなり対等に近い同盟関係と評価すべきである。そして、本来同盟関係とは往々にして一時的なものにとどまるものであり、両者の対立の深まりが、以後の幕府支配体制成立の過程に、暗い影を落としていくこととなっていくのである。

「東国の謀反」・「東国の自立」

一方、平氏にとって富士川の戦いの結果は、「東国の謀反」を早期に鎮圧する可能性がほぼゼロになるほどの手痛い敗北であった。

十月二十三日、凱旋《がいせん》の帰途頼朝は、相模国府で論功行賞を行ない、挙兵以来頼朝に従ってきた東国武士たちの本領を安堵《あんど》するとともに、あらたな所領を与えている。

封建制社会の基礎となる武士の主従関係は、戦争での貢献によって示される従者の奉公と、それに対する主人の御恩の給与によって形成されるが、この日の頼朝が行なった論功行賞は、鎌倉幕府の骨格を形成する鎌倉殿と御家人の主従関係のあり方を、明確に表現したものということができる。

ところでこの日、平氏家人として一貫して頼朝を追討する立場にあった大庭景親が、頼朝の許に「降人《こうじん》」としてやってきた。少しでも多くの東国武士の勢力を結集するために、石橋山の戦いなどでいったんは頼朝と戦った武士の多くの帰順を受け入れ、家人として組織した頼朝も、さすがに景親だけは許さなかった。頼朝は、景親の身柄を上総広常に一時預け、三日後に固瀬河《かたせがわ》において斬罪、梟首に処している。刑罰というより、武士の行動特性の一つである復讐が、頼朝によって実行されたものというべきであろう。

次に頼朝が目を向けたのは、常陸国であった。同国では、清和源氏義光《よしみつ》流の佐竹《さたけ》氏が勢力を誇っていたが、頼朝方につかず平氏に与《くみ》する態度をとりつづけていたために、頼朝の攻撃の対象とされたのである。十月二十七日に常陸に向かった頼朝は、十一月二日に常陸国府に到着し、五日に金砂《かなさ》城に拠る佐竹秀義《ひでよし》（当主隆義《たかよし》の子）を攻め、陸奥に敗走させた（後に許される）。佐竹氏の所領は没収され、頼朝の家人たちに分け与えられている。

頼朝による常陸の佐竹攻略の背景には、千葉氏と佐竹氏の対抗関係があり、ここでも頼朝の戦略が、関東の在地武士の利害に強く規定されていることを確認することができる。

この時期の頼朝の行動を見ると、西の平氏に対峙《たいじ》する前線での軍事行動は、ほぼ全面的に甲斐源氏・信濃源氏の武士団に委ね、みずからは、あたかも京都のことが関心の外であるかのごとく、関東を出ることなく、あくまで鎌倉を中心とした関東での支配基盤整備に全力を注いでいることがわかる。

一一八〇年（治承四）十月十七日、常陸より鎌倉に帰還した頼朝は、侍所別当《さむらいどころべっとう》（長官）に和田義盛を任じている。侍所は、本来公家の家政機構の一つで、貴族に伺候する侍の詰め所であったが、頼朝はこれにならい家人の統率機関としたのである。鎌倉幕府最初の統治機構の成立であり、確立後の幕府体制において侍所は、全国規模の軍事部門における最高機関として発展していく。

和田義盛は、三浦氏の一族の武士で、衣笠城で討ち死にした義明の子義宗《よしむね》を父に持つ。『吾妻鏡』によれば、頼朝が安房国にいた時、和田義盛が侍所の別当の地位を強く望んだことによる任命とされる。頼朝の家人の中では、義盛より勢力の大きな武士たちが他にもいたが、彼らをさしおいてこのような人事を行なった点に、専制的立場で家人たちに君臨せんとする頼朝の姿勢がよく表われている。

頼朝が、東国に拠点を置く政権構築に乗り出したことは、誰の目にも明らかとなった。かつて将門が、「新皇」を名乗ったような華々しさはないが、朝廷の権力とは別個に、独自の支配体制作りに着手する頼朝の行動には、「東国の自立」の要素が見られた。

その点をよく示す事柄は、頼朝の使用した年号の問題である。治承五年（＝一一八一年）になって、朝廷は年号を養和《ようわ》に改元したが、以仁王の主張にそって、平氏の擁立する安徳の帝位を認めない頼朝は、改元も正当なものとはみなさず、その結果、東国では治承年号が引き続き使用されることとなった。

いまだ関東の大半を勢力下にいれたにすぎないとはいえ、一一八〇年の段階で、頼朝の勢力は、いわば「関東小幕府」ともいうべき幕府権力としての最低限の体制を整えた。こうして、頼朝たち源氏武士団と東国武士による戦いは、反乱から内乱へと変化しはじめたのである。

二　内乱勃発後の諸国の情勢

一一八〇年（治承四）も末近くなるにつれ、東国での平氏打倒の挙兵に連動する動きが、都に近い地域でも表面化してきた。近江国では、近江源氏の山本兵衛尉義経（有名な源義経とは別人）と甲賀入道が、延暦寺・園城寺の勢力と連携して平氏に抵抗する状況が生まれ、十二月には、摂津源氏の手《て》島《しま》蔵人が、近江源氏の蜂起に呼応して挙兵している。同月、山本義経は頼朝との対面を果たしている。また、熊野別当の湛増《たんぞう》も、熊野水軍の兵力を駆使して、平氏の拠点である伊勢・志摩への襲撃を開始している。

以仁王と源頼政の挙兵の時もそうであったが、畿内周辺の有力寺社の兵力がどれほど源氏に呼応する動きを見せるかは、挙兵の成否に関わる重要な問題であった。間近の脅威を解消するために、平氏は、近江源氏の勢力を十二月に破った後、有力寺社への戦いを仕掛ける。その戦いを進めたのは、清盛の五男重衡だった。重衡は、はじめ東国の源氏との戦いのために下向したが、途中で引き返し、十二月十一日、園城寺を攻め、翌日その大部分を焼きはらっている。次いで南都に兵を進めた重衡は、二十八日に東大寺・興福寺を焼失させている。

平氏が、畿内近国での戦いに大きな力を裂かねばならなかったことは、東国の源氏勢力に時間的余裕を与え、この後の内乱の展開に大きな影響を与えることとなった。また、重衡の南都焼き討ちは、内乱の過程での最大の平氏の悪行となり、平氏への反発の高まりを決定的なものとした。重衡の南都焼き討ちという事態は、放った火が折からの大風にあおられて広範囲に広がってしまったという、多分に偶発的な要素が強く、後世の信長による比叡山焼き討ちのような「確信犯」的な行動と同様に理解することは、いささか重衡および平氏に酷といえる。しかし、この出来事は、「朝敵」だけではなく「仏敵」となった平氏が討伐されることの正当性を、多くの人々に確信させ、さらには『平家物語』など文学作品の歴史叙述において、平氏滅亡の必然性を弁証する出来事の一つに位置づけられることとなる。

平氏の支配に武力で抵抗する動きは、治承四年秋・冬から翌年にかけて、平氏の支配がもっとも強力な地域でも現われ、四国の伊予国では、水軍で名高い河野《こうの》氏が平氏家人の目代を追放し、九州では、肥後国で菊池高直《きくちたかなお》が挙兵し、豊後国では平氏方の目代が追放されるという東国同様の事態が起きている。

内乱勃発の年も暮れ、明けて翌一一八一年（治承五・養和元）、平氏は、清盛の三男宗盛を五畿内の国々（山城・摂津・和泉・河内・大和）及び伊賀・伊勢・近江・丹波の各国の惣官職《そうかんしき》（軍政官）に任じて、平安京の防衛体制を固めた。この惣官職設置は、形式的には奈良時代の長屋王《ながやおう》の変（七二九年）後における軍備体制の先例に従ったものだが、実質上は、歴史上初めて登場した、武士による広域行政区画を対象とした軍政公権の樹立と評価すべきものである。宗盛の立場は、いわば戒厳司令官のようなもので、兵士の徴発や兵糧米の調達などの権限を、広い地域で荘園・国衙領を問わず行使できることとなった。

頼朝の密奏

武家政権の成立は、戦争状態が生み出した武士の支配体制の恒常化を意味する。そのような観点に立つ時、惣官職設置という平氏政権の措置は、鎌倉幕府体制の前提の一つとなった重要な意義を持つものということができる。翌二月には、同様な措置として、平氏家人中の筆頭である平盛俊《もりとし》が、丹波国総下司職《そうげしし き》に任じられ、戦時体制における同国の領域高権を与えられている。

ところが、折り悪しくも、この頃の京都は、鴨長明《かものちようめい》が随筆『方丈記《ほうじようき》』の中で「或は春夏ひでりに、或は秋大風・洪水など、よからぬ事どもうち続きて、五穀ことごとくならず」と表現した大飢饉にみまわれていた。これは、平氏の防衛体制構築にとって重大な阻害要因となるものであった。兵糧米確保のために、平氏は、荘園・国衙領を区別しない一括した土地への賦課（一国平均役と呼ぶ）を行なったり、多くの富を蓄える者を対象にした特別税（有徳米《うとくまい》と呼ぶ）を課したりするなど非常態勢をとったが、人々からの大きな反発を受ける結果をもたらした。

頼朝の反乱を鎮めるどころか、十分に平安京の守りも固められぬまま、閏《うるう》二月四日、熱病で清盛が没する。『平家物語』によれば、清盛は臨終の際に、「ただ一つ思い残すことは頼朝の首を見られなかったことである」と述べ、残された者に頼朝の首を墓前に捧げることを命じたという。

一方、源氏の戦いも必ずしも順調ではなかった。富士川の戦いで手痛い敗北を喫した平氏であったが、三月には、美濃・尾張両国の境にある墨俣《すのまた》川で、重盛・維盛等三万の軍勢が、源行家・義円（頼朝の弟）等六千の軍勢を破り、一矢を報いている。なお義円は、この時の戦いで討ち死にしている。平氏は、東海道・東山道から京をめざす源氏の軍勢の動きを、一まず押し留めることに成功したのである。また西国では、平氏による巻き返しが始まっていた。

平氏の軍勢が守る平安京に迫る勢いを見せたのは、北陸道を攻め上る源義仲であった。

関東のほぼ全域が頼朝の支配体制下に入ったこの段階で、平氏は、東国の有力武士団による周辺部からの頼朝への攻撃に期待をかけ、越後国の平氏方有力武士である城《じよう》氏や奥州平泉の藤原氏に期待をかけていた。だが、六月の信濃国横田河原《よこたがわら》での合戦で城長茂《ながもち》を破った義仲は、日本海側に出て、九月には越前水津《すいづ》で平氏の追討軍を破り、北陸道をほぼ制圧して、京をめざす態勢を固めた。なお、八月には、平氏より藤原秀衡へ頼朝追討命令が発せられている。奥州の一大勢力藤原氏の存在は頼朝にとって大きな脅威であったと思われるが、内乱の舞台への奥州藤原氏の登場はもう少し後のことになる。

一方、頼朝は、引き続き鎌倉での政権基盤整備に余念がなかった。三月に、甲斐源氏の武田信義に命じて、頼朝への忠誠を誓う起請文《きしようもん》を提出させているが、これは内乱の中で次々と軍功をあげる甲斐源氏に対する頼朝の警戒心のあらわれである。九月には、藤原秀郷流の足利俊綱《としつな》（尊氏の出た足利氏は清和源氏で別流）を討っている。藤原姓足利氏は、関東における平氏方武士として下野国で勢力を温存し、頼朝方の小山氏と勢力を競っていた。ここでも、地域の武士団相互の争いが、源氏と平氏の争いに転化して決着がつけられた事例を見出すことができる。

六月、鶴岡若宮造営にいそしみ、新御所へ移った頼朝は、平氏軍との戦いを他の源氏武士に委ねて、八月に、後の五摂家《ごせっけ》（摂政関白を出すことのできる藤原北家の嫡流が五つに分かれて成立した家）の一つである九条家の祖兼実を通じて後白河へ密奏を行ない、早くも朝廷との政治交渉に乗り出す。わずか一年前には頼朝の名すら十分に認識していなかった兼実であるが、以後長い間にわたって、頼朝と朝廷との交渉を取り次ぐ重要な人物となる。その日記『玉葉』は、治承・寿永の乱の経過を伝える貴重な同時代史料として本書の中でもすでに登場しており、頼朝と朝廷との政治交渉についても、『玉葉』によってくわしく知ることができる。

『玉葉』によれば、この時の頼朝密奏の内容は、後白河への謀反の意志がないことを明言した上で、東国での頼朝権限の承認を求め、西国の平氏とともに、国司に逆らう者を征伐し、朝廷に奉仕するというものであった。

頼朝のこの密奏は、内乱の展開の中で極めて大きな意味を持つものである。義仲と頼朝の行動を比較するならば、義仲が、以仁王令旨の命じるまま平氏打倒という目標に向けてひたすら邁進《まいしん》するのに対し、頼朝は、既成事実として作りあげた東国の支配権を、朝廷との交渉を通じて、安定強化する路線をとりはじめている。そのために頼朝は、平氏の存在を、西国の支配者にして源氏と並ぶ朝廷の護持者として容認する姿勢さえ示した。

このような頼朝の態度は、以仁王令旨への裏切りに他ならない。ほんの少し前まで、「流人」「朝敵」の立場にあった頼朝は、短期間の軍事的勝利の結果を、持続的な政治秩序へと結晶させるべく、東国に基盤を置くしたたかな政治家としての姿を鮮明に見せはじめたのである。

平氏が滅んだ後の武家政権の構築が、義仲ではなく頼朝によって担われていく流れが、すでにこの段階でつくられたといっても過言ではないだろう。

後白河より頼朝の提案を伝えられた宗盛は、これを拒否し、頼朝との対決姿勢を堅持する。もしこの時、宗盛率いる平氏がこの提案を受け入れていたならば、その後の日本の歴史は大きく変わっていたろう。

なお、平安京の人々を苦しめた飢饉がなおも続く一一八二年（寿永元）の八月十二日、頼朝の正室北条政子が男子を産んでいる。幼名を万寿《まんじゅ》（または十幡《じゅうまん》）という。後に東国の覇者としての頼朝の地位を継承することとなる頼家である。

三　義仲の入京と十月宣旨

一一八三年（寿永二）、内乱は再び急激な展開を見せ始める。平氏は、義仲打倒のために軍勢を次々北陸道に投入していったが、戦況を好転させることができず、五月十一日の越中国礪波山《となみやま》の戦い（別名倶利伽羅峠《くりからとうげ》の戦い）における平維盛の軍の敗北により、平氏は北陸道からの撤退を余儀なくされる。倶利伽羅峠は、旧北陸道における越中と加賀両国の境に位置し、『源平盛衰記』には、この合戦で、牛の角に松明《たいまつ》をつけて突進させ平氏軍を谷底に落とし大勝したという、義仲の華々しい戦いぶりが描かれている。

なおこれより以前の三月、義仲は、子の義高《よしたか》を人質として頼朝の許に送っている。甲斐源氏の武田信義にわざわざ忠誠を誓わせたことに示されるような、戦功をあげていく源氏一門の武士に対する頼朝の冷淡な態度が、義仲にこのようなことを強いたのである。

義仲の京への進軍の途中には、強大な僧兵集団を擁する延暦寺があった。以仁王と源頼政の挙兵の際に、反平氏の立場をとることがなかった延暦寺に対し、義仲は、威嚇的な態度で味方に立つことを求めた。六月、義仲の武力を恐れた延暦寺は、近江国に兵を進める義仲の軍勢に呼応し、七月二十二日、義仲は延暦寺に入る。

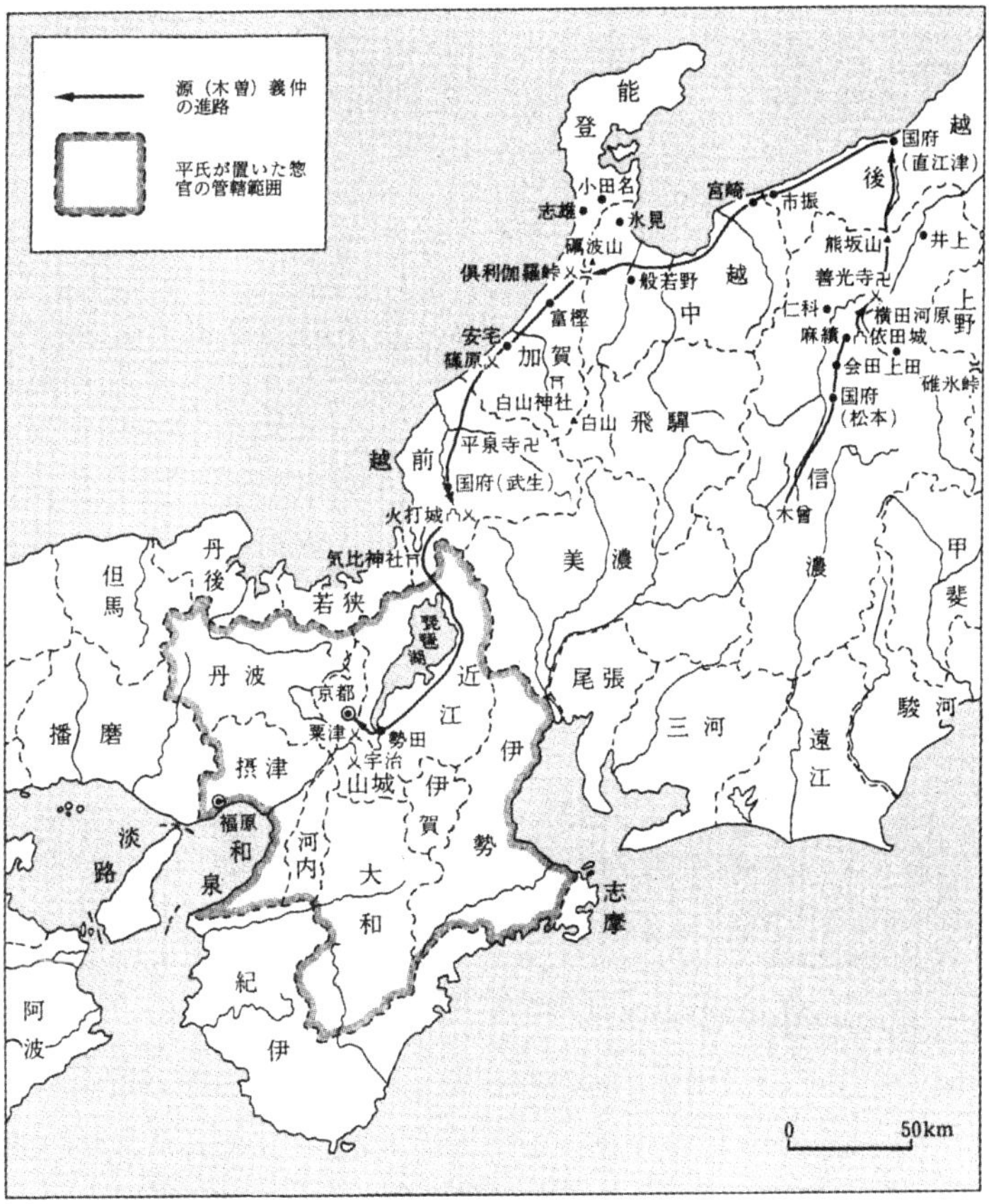

源義仲の挙兵と入京（五味文彦編『京・鎌倉の王権』より，一部改変）

平家都落

内乱の帰趨《きすう》を決する上で重要な鍵をにぎる延暦寺が源氏方となったことを知る平氏は、決断を迫られた。一一八三年（寿永二）七月二十五日、ついに平氏は平安京を離れ、安徳天皇を奉じて西国に向かう。いわゆる平家都落ちである。

ただし、これはたんなる敗走とは言い切れず、瀬戸内海の水運を掌握し、厳島《いつくしま》神社・大宰府など西国の重要拠点をおさえる平氏が、新たな政治支配の場を求めた行動という側面をも見るべきだろう。源氏が東国の支配者としてたちあらわれたように、西国の地域権力として平氏が勢力を温存・強化する道は、いぜん残されていた。

だが、後白河が前日の二十四日に延暦寺へ逃れ、平氏と行動をともにしなかったのは、平氏にとって大きな誤算であった。後白河の身柄を確保することで支配の正当性を得たならば、平氏は源氏との戦いを政治的に有利に進めることができたからである。

七月二十八日、義仲は、行家とともに入京する。延暦寺より京に戻った後白河は、八月二十日に、高倉第四皇子で安徳の弟の尊成《たかひら》親王を天皇に立てる（後鳥羽《ごとば》天皇）。ついに源氏は、みずからが擁する天皇を得て、反逆者の立場を脱することとなったのである。

平氏と源氏の立場は完全に逆転し、後白河を中心とする朝廷の秩序から見た時、平氏が「朝敵」とされたため、当然平氏一門の領有する所領は、朝廷が没収することとなった。このような朝廷による没収地のことを没官領《もつかんりょう》というが、中世には、没官領の所有権は、没官された者を武力で打倒した者に与えられる慣行が成立していた。いわゆる平家没官領は五百ヵ所とされ、そのうち百四十ヵ所が義仲に、九十ヵ所が行家に与えられている。

義仲の軍事的大勝利のかげで、再び頼朝は巧妙な政治工作を試みる。それは、九月末の後白河に対する奏状の提出である。奏状の内容は、平氏に「押領」された荘園を元の所有者に返し、平氏方についた武士を赦免するというものであった。

内乱終結後の安定的政治秩序の構築を展望しながら、天皇家・摂関家・有力寺院の荘園領主としての立場を擁護し、多数の武士団の安全を保障することを、頼朝は明言したのである。平氏が去った後、それに代わる存在として、朝廷が依存する源氏武士の棟梁の地位に誰がつくか、いまだ情勢は流動的であった。そのような段階での頼朝のこの言明は、後白河たち朝廷支配層にとって、まことに魅力的なものであったろう。事実、『玉葉』十月九日条には、「威勢厳粛、其性強烈、成敗分明、理非断決」という、九条兼実による頼朝を賞賛する評言が見えている。

頼朝の工作の結果は、まもなく目に見える形であらわれた。一一八三年（寿永二）十月、後白河は、頼朝を「従五位下左兵衛佐」に復帰させて「朝敵」の立場を公式に取り消すとともに、頼朝の東国（東海道・東山道）支配権を保障する命令を発している。次に示す『百練抄』寿永二年十月十四日条の記事は、頼朝の東国支配権承認に関するものである。

東海・東山諸国の年貢、神社仏寺ならびに王臣家領の荘園、元のごとく領家に随うべきの由、宣旨を下さる。頼朝申し行うに依るなり

ここには、東海道・東山道の寺社王臣領荘園を本来の領主に戻すことを命じる宣旨《せんじ》が、頼朝の申請によって発せられた、という趣旨のことが記されている。宣旨とは、天皇の意志により発せられる朝廷の命令のことであるが、この時の天皇はまだ幼い後鳥羽であるから、実質的に後白河の命令とみなしてさしつかえない。

この宣旨に関して、さらに重要なことが『玉葉』の閏十月二十日条・二十三日条の記事に見えており、もしこの宣旨の命令内容に不服な者がいたら、頼朝に追討させると定められていたことがわかる。この時点の頼朝が実際に武力占領していたのは関東だけであったから、頼朝の得たものは、朝廷による現状の追認のみでなく、より広い領域に対する公権の保証であったことになる。

朝廷による頼朝の東国支配権の承認とは、具体的にはこのような形でなされたのだが、かつて佐藤進一氏は、発せられた月からこの宣旨を十月宣旨と名づけ、鎌倉幕府の成立の重要な画期とみなした(「寿永二年十月の宣旨について」)。この見解は、鎌倉幕府の本質を「東国国家」と見る観点から導かれたものである。完全な独立でこそないものの、清和源氏の棟梁に統率された特定の武装集団に、朝廷が支配する日本国の中の特殊領域である「東国」の支配権の多くの部分を委ねることが、一一八三年の段階で国家の仕組みとして完成したのである。本書のこれまでの叙述から、「東国」における武士、

とくに清和源氏流武士団の支配の発展過程の延長上に十月宣旨があることは、十分に理解されよう。

実は、十月宣旨の発布には裏話があった。当初、頼朝に全権が委ねられる領域の中には、北陸道が含まれていた（北陸道・東山道・東海道の三道を合わせた領域が、伝統的な日本の「東国」にあたることは、本書第一章の冒頭で述べたとおりである）。このことを知って激怒したのが義仲であった。

北陸道といえば、義仲が、いくたびもの戦いにより実力で占領した地域である。その北陸道の支配権が頼朝に与えられると聞いて、義仲が怒るのも当然であった。さすがの後白河も、現実に京を占領する義仲の意向を無視することはできず、宣旨発令に際して「北陸道」の語は消されている。だが、この一連の経過は、後白河が政治交渉の相手として選んだ人物が、義仲ではなく頼朝であるという現実を、あからさまに語っている。

十月宣旨をめぐる動向からわかる通り、後白河の顔は明らかに頼朝に向いており、それが義仲の後白河に対する不満の要因であった。義仲が恩賞として得たものは、左馬頭《さまのかみ》・越後守の地位であり、彼はこれに不服であった。さらに、義仲とともに入京した行家は、備後守任官のみの恩賞しか与えられなかったことに対し、義仲以上の不満を持ち、頼朝の追討を目論む義仲と対立して、平氏追討の宣旨を得て、播磨に向かっている。平安京を武力占領した源氏武士団の内部対立は、武士団の政治的コントロールをはかる後白河にとって格好の条件であった。

頼朝は、早速十月宣旨によって権限を行使するべく、弟の義経を伊賀・伊勢に派遣する。伊賀・伊勢は平氏の本来の根拠地であり、平氏の所領が多く、平氏に味方する勢力も温存されていた。頼朝は、そのような伊賀・伊勢をおさえることを重要な戦略目標としたのである。十月宣旨が存在している以上、義仲は、頼朝の意をうけて西上してきた義経たちに手出しをすることはできなかった。

十月宣旨の獲得によって、頼朝が大きな政治的収穫を得る一方で、義仲は、軍事・政治両面で、次々と失策を重ねていく。十月には、備中国水島《みずしま》での合戦で平家に敗れ、平氏に巻き返しの機会を与えてしまう。また、平安京の軍政官としての義仲は、強引な兵糧米の徴収や、配下の武士たちの略奪を野放しにして治安を悪化させたことなどで、都人たちの反発を買っていた。『平家物語』には、「田舎武者」義仲の粗野で礼儀を知らない振る舞いが、都人の失笑と侮蔑の対象にされた逸話が見える。

政治的パートナーとして後白河に見限られたことを察し、義仲は武力を背景にした強圧的な態度に出た。後白河は、あらかじめ危険を予知し、義仲の軍勢に備えて御所である法住寺殿《ほうじゅうじ》の防御を固めていたが、十一月十九日、義仲は法住寺殿を攻撃し、天台座主明雲《みょううん》・園城寺宮円恵《えんえ》法親王を含む百人以上に及ぶ院方の者たちを討ち取っている（法住寺合戦）。

義仲は、後白河を捕らえて幽閉した後、法皇の近臣たち四十九名の官職を剝奪している。一一七九年（治承三）に清盛が後白河に対して起こしたクーデターでは四十三名の貴族が官職を奪われており、『平家物語』はそのことを念頭において、「是は四十九人なれば、平家の悪行には超過せり」と義仲の所行を糾弾している。義仲は、かつての清盛と同様の行ないをし、そして清盛と同じように滅びの道を歩みはじめることとなる。

軍事クーデターにより、義仲は、平家没官領全体の領有を認めるとともに頼朝の追討を命じる院庁下文を発給させ、明くる一一八四年（寿永三）正月十一日に、征夷大将軍《せいいたいしょうぐん》に任じられる。院の権力を抑圧した後の義仲が、征夷大将軍という地位を求めたことの意味は、後の頼朝の征夷大将軍任官を考える上で、とても重要である。「東の辺境の民（＝夷《えびす》）を鎮圧する将軍」の地位を得ることは、東国を軍事的におさえることで台頭してきた清和源氏の武士が政治の全権を掌握するための根拠としてもっともふさわしいと考えられたのであろう。だが、それを獲得する方法は、義仲と頼朝とでは大きく異なる。後に見る頼朝の場合と事なり、義仲の方法は、あまりに性急で野蛮だった。

義仲が、一片の文書でどのような高位を得ようとも、すでに目前に迫る危機に対して、それは何らの効果も持たなかった。京に迫る義経・範頼の軍勢は、正月二十日に宇治《うじ》川の防衛線を突破し、義仲は、敗走した先の近江国粟津《あわづ》で討ち死にする。義仲とともに戦ってきた巴御前《ともえごぜん》（義仲の乳母の夫中原兼遠の娘）は、この時義仲と運命を共にはしなかったようである。『源平盛衰記』には、巴御前が、その後和田義盛の妻となり、怪力の持ち主として有名な朝比奈義秀《あさひなよしひで》を生んだ後、越中国石黒《いしぐろ》で出家して亡くなったという所伝が見える。

ちなみに義仲は、亡き以仁王の子で、王の挙兵後に出家して北陸にいた北陸宮《ほくりくのみや》を、皇位継承者として即位させることをめざしていた。義仲の行動は、最後まで以仁王令旨に忠実であったということができよう。

四　幕府支配の拡大と整備

一一八四年（寿永三）正月二十六日、頼朝は、義仲に代わって平氏追討の宣旨を与えられ、さらに二十九日には、義仲方武士追討の宣旨をも得ている。そしてこの時以後、平氏との戦いの主役は、義仲から、頼朝の命令に忠実な軍事指揮官（「鎌倉殿御使」）としての範頼《のりより》・義経へ移り、平家没官領の領有権など、義仲がみずからの軍事力で得たものすべてが頼朝の手中に帰することとなった。

範頼は、義朝の六男（五男とも）で、遠江国池田宿の遊女を母に持ち、池田宿に近い蒲御厨《かば》で育ったことから「蒲冠者」と称された。頼朝の挙兵直後に、その軍勢に加わったものと推測される。

義朝と常盤御前の間に生まれた義経《よしつね》（幼名牛若）は、前述の『平家物語』「源氏揃」に「陸奥国の源氏」として見えているが、特定の地名との関わりを持たない「九郎曹司」という名乗りを通していることから、成長期には特定の地を拠点とせず、各地を転々としていたものと思われる。頼朝の挙兵時には、奥州平泉の藤原氏の庇護を受けており、一一八〇年（治承四）、黄瀬川の陣で兄頼朝との対面を果たしている。

義経の戦い方の特徴は奇襲を得意としたことにあり、また水軍との交わりもあり、以後西国での平氏との戦いの中で、その軍事的才能を遺憾なく発揮していくこととなる。

一の谷の戦い

都落ちした平氏は、阿波民部大夫粟田成良《あわたのしげよし》の率いる阿波水軍の力を頼り、擁立する安徳天皇の内裏を讃岐国屋島《やしま》に置いた。そして平氏は、水島の合戦での義仲に対する勝利に勢いづき、平安京の奪還をめざして摂津国福原まで進み、一の谷に陣を構えた。平氏の陣は前面に海を、背後に険しい山を持つ堅固な構えであったが、正面を範頼軍に、背後を義経軍に攻められ、二月七日の戦いで源氏方に敗れる。この一の谷の戦いで、平氏方は、通盛・忠度・敦盛などの一門や家人の筆頭である平盛俊を含む多くの有力武士を失い、重衡は捕らえられ、京に連行された。この後重衡は南都に送られ、焼き討ちに対する報復を受けることとなる。

『平家物語』には、平氏陣背後の山の急斜面を一気に駆け下った、いわゆる「ひよどり越え」による急襲によって義経が平氏を破る華々しい場面が描かれている。『平家物語』におけるこの合戦の描かれ方に、軍記物語特有の誇張が見られるのは明らかだが、奇襲を得意とする義経の戦い方の特徴が反映していることも確かだろう。

こうして都への帰還の道を閉ざされた宗盛たち平氏は、やむなく四国屋島へと逃げ帰った。だが、さしもの義経たちにも、古くからの根拠地である瀬戸内海地域で足場を固める平氏の軍勢を一挙に破る力はなく、西国の平氏への総攻撃の準備に時間をさかねばならなかった。こうして一の谷の合戦が終わってから約半年の間、源氏と平氏の戦闘は休止の状態に入ることとなる。

その間にも、頼朝の政治的影響力は、しだいに京・西国に及んで来るようになった。義仲を反面教師とする頼朝が留意したのは、配下の武士たちの横暴なふるまいによって貴族たちや西国の人々の反発を買うことの回避だった。頼朝は、諸国の武士の違法を取り締まる権限を行使し、在地からの強引な兵糧米の調達や他人の家に寄宿した際の乱暴狼藉などの非法行為を禁止し、違反するものを厳しく罰することとした。

この頼朝の方策を実行するために、側近の中原久経《ひさつね》・近藤七国平《こんどうしちくにひら》が、畿内近国における武士の非法行為を停止する任務を帯びて上洛する。さらに、梶原景時・土肥実平といった東国の有力武士が、新たな占領地域を治める頼朝の分身としての軍政官（「鎌倉殿御使」と称された）として派遣され、播磨・美作《みまさか》・備前・備中・備後の各国の国衙行政権を実質的に掌握した。伊賀国では、平賀義信の子で源義光の曾孫にあたる大内惟義《おおうちこれよし》が、国司に代わって伊賀国の国衙行政を司っている。

さらに北陸道方面には、比企朝宗が「鎌倉殿勧農使《かんのうし》」として派遣された。北陸道は元来農業生産力の高い地域であったが、長い間の戦乱で荒らされたために、「勧農」とよばれる種子の下げ渡しや耕作地の割り当てなどの行為によって農業生産を支援するための特別の使が任命されたのである。

そもそも平氏の諸国支配は、国衙機構を利用しながらなされたものであり、また先に見たように、頼朝の関東での覇権確立は、国衙機構に基盤を持つ在庁官人の力を得て実現したものだった。律令制度に起源を持つ既存の地方支配機構を破壊するのではなく、それを利用することによって、平氏政権から鎌倉幕府へという武家政権確立の過程はすすんだのである。

一一八四年（寿永三）二月二十五日、軍事面での圧倒的に有利な状況を背景として、頼朝は後白河に仕える院司高階泰経《たかしなのやすつね》を通じて、朝廷に政務に関する申し入れを行なう。その内容は、事実上幕府の軍事支配下にありながらも戦乱のために荒廃した「東国」「北国」における国司の任命と「徳政」の遂行、平氏追討のための軍事動員権の義経に対する付与、諸社の所領の保全と神事遂行、仏寺領の保全と僧兵の活動停止というものだった。これらの内容を見ると、頼朝の申し入れは、朝廷・寺院勢力の権益を擁護する面と軍事に関する頼朝の権限の絶対性を認めさせる面という、硬軟二つの要素がたくみに組み合わされたものとなっていることがわかるだろう。

頼朝は鎌倉を動かないことで朝廷政治との一定の距離を置きつづけてきたが、このように、決して朝廷政治に無関心であったわけではなかった。軍事的勝利を一歩一歩確実にするたびに、以後頼朝は朝廷の政策（後白河の政策と言い換えてよい）への干渉を行なった。

平氏を打倒した中心人物を自負する頼朝は、当然のように、すべての平家没官領の給付を朝廷に要求したものの、義仲が平安京で健在の時に、朝廷はこれを拒否していた。しかし情勢がまったく異なったことで、三月、朝廷は平家没官領全体に対する支配権を頼朝に承認している。ここに、「関東御《かんとうご》領《りょう》」と称される鎌倉幕府将軍の直轄領荘園群の原型が成立することとなった。

なお頼朝は、四月になって、平治の乱の後に池禅尼の力で助命された恩にこたえるべく、尼の子である頼盛の身柄の安全を確保した上でかつての旧領を返付している。ところが、その荘園群の中には、後白河の意志による朝廷からの公式命令で頼朝に与えられたもの以外の平家没官領が含まれていた。この点に着目した石井進氏は、「(後白河)院と頼朝との没官領をめぐる決定的なひらき」「朝幕間に横たわる重大なひらき」を読みとっている(「平家没官領と鎌倉幕府」)。平家没官領の問題に限らないが、鎌倉幕府権力形成過程の局面の一つひとつをくわしく観察すると、「後白河から頼朝へ権限が付与される」要素と「頼朝が自力で権限を勝ち取る」要素の双方が複雑にからみあっていることがわかる。いずれの要素を重視するかは、鎌倉幕府成立という出来事に対する歴史認識に深く関わる問題だが、一律に論じるのではなく、個々に吟味を加えて判断を下すことが必要であり、少なくともいずれかの要素のみを視野に入れて議論することの誤りは明白だろう。

平氏・義仲といった朝敵追討の戦いにおける唯一の殊勲者の立場を得た頼朝とその家人たちに、当然のごとく後白河は厚い恩賞で報いた。四月に、頼朝自身が正四位下に叙され、さらに頼朝による源氏一門の武士の受領任官要求に応えて、五月二十一日、範頼が三河守に、広綱《ひろつな》(源頼政の子。兄仲綱の猶子《ゆうし》)が駿河守に、平賀義信(源義光の孫)が武蔵守にそれぞれ任じられている。なお、この時当然任官の対象となるべき義経が除外されている点は、重要な意味を持つ。

このような形で、一族の者あるいは家人を特定の国の受領に任命させることは、その国の実質的支配権を有し、国衙領からの官物を取得する知行国主に認められた権限である。従って、三河国・駿河国・武蔵国は、いずれも頼朝の知行国であったことになる。鎌倉幕府の長の知行国は「関東知行国《かんとうちぎょうこく》」と称され、関東御領とならぶ鎌倉幕府の財政基盤となった。

公文所別当に大江広元登用

頼朝の財政基盤が成立したことで、それを管理する頼朝の家政機関の充実が必要となり、十月六日、家政に関わる文書業務などを担当する公文所《くもんじょ》が設置され、京下りの実務官人である大江広元《おおえのひろもと》が別当（長官）となり、続く十二日には、裁判実務を扱う問注所《もんちゆうじよ》が設置され、広元と同じ朝廷の実務官僚出身の三善康信が執事（長官）に登用された。

大江広元は、中原広季《ひろすえ》（一説には大江維光《これみつ》）を父として、代々の実務官人の家に生まれ、太政官の事務部局である外記《げき》の官人を務めた後、弟の中原親能《ちかよし》が頼朝に近い立場にあった縁で、その文筆能力を頼朝に買われ、関東に下ったのである。三善康信もまた、外記と並ぶ太政官の事務部局の一つである史《し》を代々務める家に生まれた、朝廷の実務官人である。母が頼朝の乳母の妹であった縁で、康信が、伊豆の流人時代の頼朝に定期的に京の情勢を伝えていたことは、すでに前章で触れている。

頼朝の家政機関は、公家のそれを踏襲したものであり、朝廷の実務官人をそのスタッフに登用している点でも、それまでの公家の家政機関のあり方と同じである。

こうして、すでに成立していた侍所とあわせて、初期鎌倉における幕府の主要行政機構の基本構造

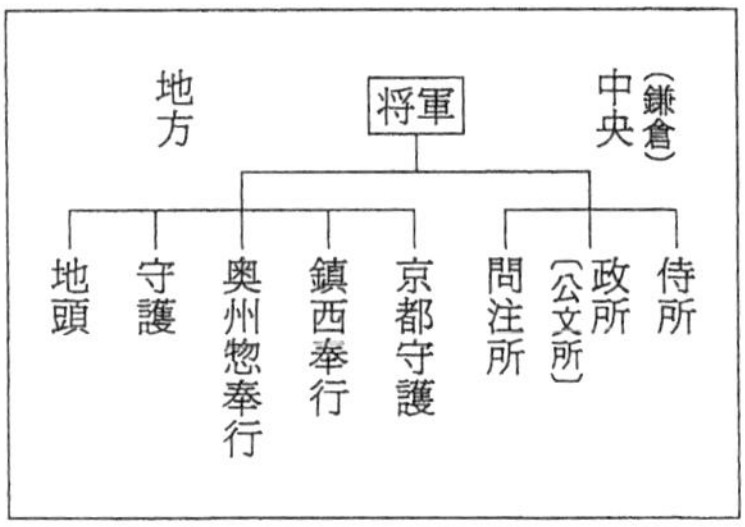

頼朝の時代の幕府職制図

が成立した。

以上のように、鎌倉における永続的な政治拠点を作りあげる一方で、頼朝は、引き続きみずからの権力を脅かす勢力の抑圧を怠ることはなかった。

一一八三年（寿永二）末、謀反の罪により、梶原景時に命じて上総広常を嫡子能常《よしつね》とともに殺害させたことも、そのような頼朝の行動の一つであった。十月宣旨の発布やその後の公武交渉の経過に見られるように、頼朝は、朝廷に対する協調姿勢を明らかにしていたが、朝廷から独立した東国政権樹立の路線に固執する態度を隠そうとはしない広常の存在は、政治的にきわめて厄介な存在となっていた。頼朝は、翌一一八四年（元暦元）になって、頼朝の武運を祈願して上総国一宮（玉前《たまさき》神社）に納められた広常願文《がんもん》を見て、広常に対する処断が冤罪によるものであることを知り、深く悔いて上総氏一族を赦免しているが（『吾妻鏡』正月十七日条）、結果的には、政治路線での対立をはらむ有力武士団を去勢した事実に変わりはないといえよう。「朝廷に背く姿勢への糾弾」は、内乱の過程で、武士が邪魔者を排除する際の最適な口実であった。

さらにこの年は、内乱勃発以来、頼朝から相対的に自立した立場をとり続け、無視しがたい軍事力を誇る信濃源氏・甲斐源氏の粛清が本格化した年でもあった。

大姫の悲嘆

四月二十六日、伊豆国の武士で挙兵以来の頼朝の側近である堀親家《ほりちかいえ》が、郎従に命じ、武蔵国入間《いるま》川の河原において源義仲の子清水（志水）義高を殺害する。これは、父の敵討ちを恐れた頼朝の指示によるもので、さらに五月一日には、足利義兼《よしかね》に命じて、信濃・甲斐両国の義高勢力を討たせている。義高は、頼朝の長女大姫との間に結婚の約束を交わした人物であり、将来の夫となる人物の命を父に奪われた大姫の悲嘆は激しく、以後鬱病に悩まされることとなる。内乱の中での女性の悲劇の一場面である。

六月十六日には、武田信義の子で甲斐源氏の嫡流の立場にあり、内乱当初より武功をあげてきた一条忠頼が、有力御家人の居並ぶ将軍御所で、頼朝の命を受けた小山田有重《おやまだありしげ》・天野遠景に殺害されている。甲斐源氏の一族である武田信光が「（源氏）一門更に優劣なし」といい放ったという所伝（『源平盛衰記』）に象徴されるように、甲斐源氏は、源氏一門の中でもとくに頼朝への対抗意識を強く持っていた。しかし、そのような姿勢は、自分に並び立つ者が源氏一門の中に存在することを許さぬ頼朝が、断じて容認できないものだった。

そして、次に頼朝の粛清の対象となった一門の人物こそ、弟の義経であった。

五　義経の戦いと平氏滅亡

関東知行国成立の経緯にふれた個所で述べたように、頼朝の推挙によって受領に任命された源氏一門の武士の中に、義経はいなかった。これは、頼朝の義経に対する敵意の兆候とみることができる。日本史の転換点にたびたび登場し、政治の流れに大きな影響を与えた数多くの兄弟間対立の中で、最大級のものというべき頼朝・義経兄弟の争いの契機がいつごろまでさかのぼるかは、必ずしも明確ではない。

頼朝・義経兄弟対立

関幸彦氏は、一一八一年（養和元）七月二十日に行なわれた鶴岡若宮上棟の儀において、工匠たちに与える馬を引くことを卑しい役目として拒んだ義経に対し、頼朝がこれを許さず、他の御家人同様に馬引きを行なわせたという『吾妻鏡』に見える出来事を、「その後の兄弟の対立を考える上で、それなりに示唆的」と評している（『源頼朝――鎌倉殿誕生』）。たとえ身内であれ、あくまで御家人の一人として処遇する頼朝のやり方に、義経が反発し、さらにその態度が頼朝に不愉快な思いをさせる、という状況の中で、二人の対面後、ある程度早い時期に両者の争いの種がまかれていたことは、十分に考えられよう。武蔵国の有力武士河越重頼の娘が、頼朝の命によって義経の妻となったことに関しても、頼朝による義経監視の思惑によるものという理解が、あるいは可能かもしれない。だが、頼朝と義経の対立を本格的に表面化させたのは、やはり一一八四年（寿永三年から元暦元年に改元）から翌年にかけての一連の出来事であるといわねばならない。

その始まりは、一一八四年（元暦元）八月、義経が検非違使・左衛門尉に任じられたことである。これは、後白河による義経への直接の恩賞付与という意味を持っていたが、義経がこの任官を辞退しなかったことに、頼朝は激怒した。ほぼ同じ頃、伊賀国の平氏残党討伐に功をあげた大内惟義に対し「賞罰はよろしく予（＝頼朝）の意に任すべし」と伝えていることからわかるように、頼朝は、家人たちの恩賞はすべてみずからの意志によって与えられるべきであるとする確固たる方針を持っていた。この方針にあからさまに反し、頼朝の推挙もなく任官するという義経の行動が、頼朝の逆鱗にふれたのである。

この事件をきっかけに、頼朝は義経との距離を置き始め、西国の平氏追討を範頼一人に委ねるようになった。戦況報告のため一時的に鎌倉に帰っていた範頼は、八月八日に鎌倉を発ち、平氏追討の太《だ》政官符《じょうかんぷ》をたずさえて、九月一日に京より西海に向かう。

範頼の戦略は、山陽道を西に進みながら中国地方を押さえ、ついで原田種直《はらだたねなお》など有力平氏家人の多くが勢力を張る九州に渡り、平氏政権の支配基盤の地をたたくというものだった。ところが、十一月頃より、範頼軍は船の不足と兵糧米の欠乏に苦しむようになり、軍勢の中に厭戦《えんせん》感が強まり、兵力の半数以上が本国に逃げ帰ろうとするという状況に見舞われてしまう。兵站線《へいたん》が長く伸びきった遠征軍にしばしば起こる事態である。

窮状を訴える範頼の書状が、明くる一一八五年（元暦二年。八月に文治と改元）正月にようやく鎌倉に到着し、船と兵糧米がはるばる鎌倉から輸送された。さらに本領安堵を条件としてなされた九州・四国の武士団に対する援軍要請が実を結び、正月二十六日になって、範頼はようやく豊後国《ぶんごのくに》への渡海に成功する。しかし、兵糧米欠乏の事態は結局好転せず、長門国彦島《ひこしま》を拠点とする平知盛の軍に敗れ、二月十四日、周防国《すおうのくに》への退却を余儀なくされる。

範頼がなかなか戦果をあげられぬために、頼朝は再び義経に頼らざるをえなくなった。正月十日、京都を発った義経は、一種の迂回《うかい》戦術をとった範頼とは対照的に、平氏のいる四国屋島を直接めざした。二月十六日に摂津国渡辺を船出した義経は、阿波国に着岸し、十八日（一説に十九日とも）には陸路より讃岐に入り、熊野・伊予の水軍を味方につけて屋島の平氏軍を急襲した。義経お得意の機動力を活かした奇襲攻撃に不意をつかれた平氏は、瀬戸内海上へ逃れ、平氏別働隊の本拠地である長門国彦島へ逃れた。

屋島の戦いでの敗戦は、平氏にとって瀬戸内海の制海権の喪失を意味し、あまりにも大きな痛手となった。勢力巻き返しの地と期待した鎮西にも源氏の勢力が入り、退路を断たれた平氏は、長門国彦島で義経を迎え撃つ戦いを「最後の決戦」と覚悟せざるをえなかった。

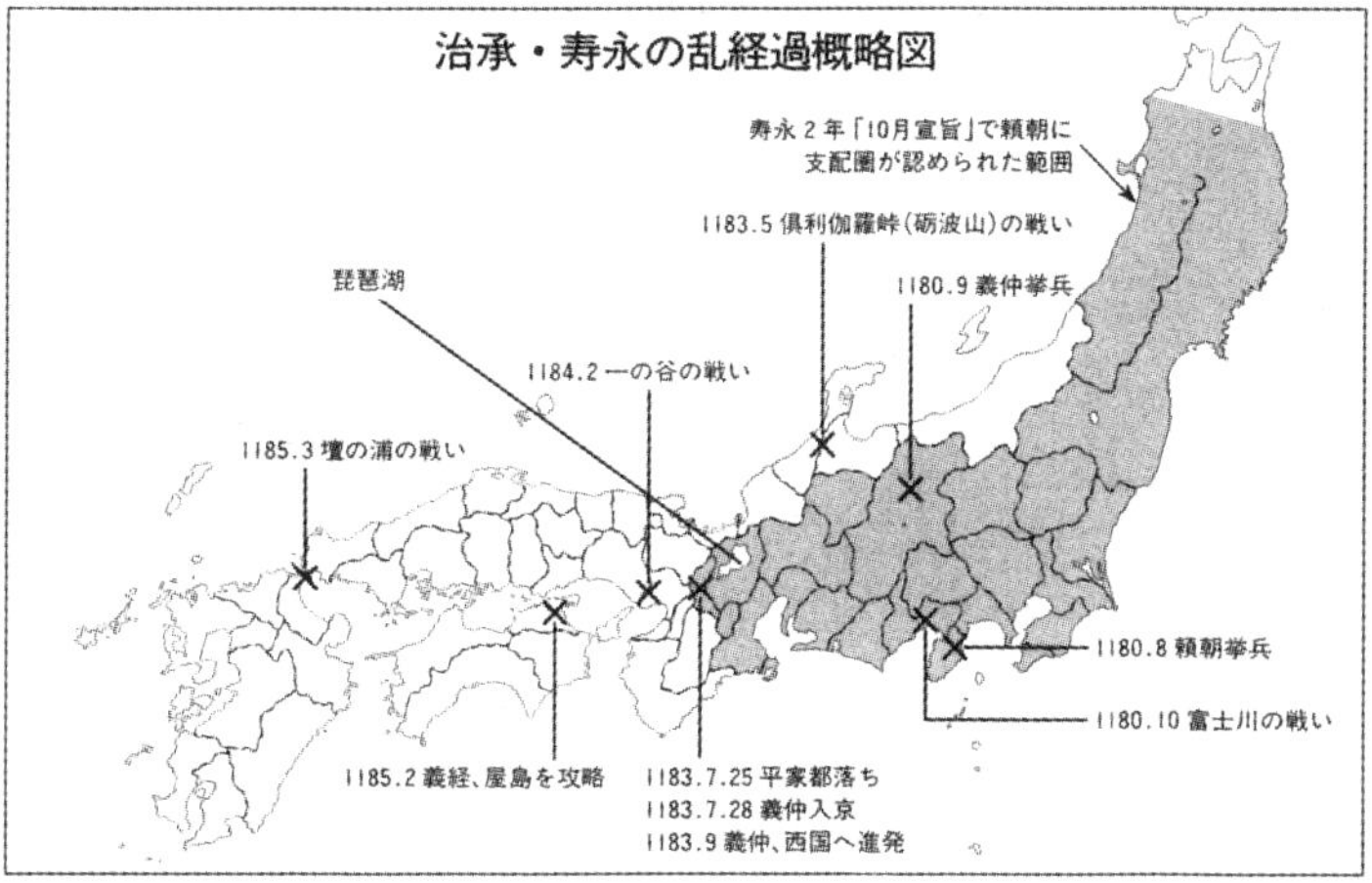

治承・寿永の乱経過概略図

壇の浦の戦い

三月二十四日の早朝、壇《だん》の浦《うら》（現在の山口県下関市の海岸一帯）で、義経・範頼軍と平氏軍の戦いが始まった。海上での水軍同士の戦いは正午ころまで続けられたが、船の水手《かこ》・梶取《かんどり》を切り殺すという、合戦の掟をやぶる義経の荒々しい戦い振りに、平氏はなすところなく敗れた。二位尼平時子（清盛室）が八歳の安徳天皇を抱いて海中に身を投じたのに続き、知盛・教盛・経盛・資盛といった平氏一門の者や女房たちが次々に入水して自害した。なお、総大将の宗盛や時忠、そして建礼門院徳子は入水したものの自害を果たせず、源氏の軍勢に捕らえられている。

ふりかえれば、安徳の即位が以仁王の挙兵の要因となって源氏と平氏の戦いが起こり、その安徳の死によって戦いは終結した。平氏と運命をともにして短い生涯を終えた悲運の幼帝には、世人の同情が集まり、生存説が伝承として語りつがれ、西日本には安徳墓所とされるものが複数遺されている。

壇の浦の戦いで海に没したのは、平氏の人々だけではなかった。義経には、平氏が持ち去った三種の神器、すなわち神鏡・神璽《しんじ》(勾玉《まがたま》)・宝剣の奪還が厳命されていたが、これらはすべて海中に沈んでしまった。神鏡・神璽は拾い上げられたものの、義経の必死の探索にもかかわらず、ついに宝剣は発見されなかった。そして、宝剣の奪回に失敗したことが、頼朝の義経に対する怒りの新たな要因となり、内乱は新たな段階を迎えることとなった。

三種の神器は、いうまでもなく天皇の位を象徴するものである。後白河と頼朝が擁立する後鳥羽の皇位の正当性を明らかにするために、平氏が持ち去った三種の神器の確保は至上命題であり、後白河は、重衡の身柄と交換に三種の神器の返還を求める院宣を屋島にいる平氏に送ったものの、宗盛に拒否されている。

宝剣紛失問題は、義経に対する頼朝の不信感をさらに高め、義経は、頼朝による「戦功をあげすぎた源氏武士の排斥」路線の、最大のターゲットとなったのである。

なお、『吾妻鏡』文治元年(一一八五)四月十五日条には、「自由に(勝手に)」任官した御家人の東国帰還を禁じる頼朝の下文とともに、義経同様に、頼朝に無断で任官した計二十四名の御家人に対する頼朝の口汚い非難の言葉が見えており、「駄馬の道草ぐらい」「大嘘つき」「目は鼠の目」「臆病者」「猫以下」など、人格を疑わせるような頼朝の「肉声」が列挙された個所として、かなり有名な記事となっている。これらはもちろん、義経の無断任官に対する頼朝の怒りを反映したものだが、三種の神器奪回に失敗したことによる頼朝のストレスの大きさにも関係しているかもしれない。

四月二十一日には、義経の行動を批判する梶原景時の書状が鎌倉に届く。景時は、頼朝より合戦の目付け役を委ねられていたが、義経の度重なる独断的行為に業をにやしていたのである。『吾妻鏡』の中の景時は、しばしば他の御家人の欠点をあげつらう役まわりで登場するが、義経を失脚させる格好の材料を、頼朝は得たことになる。もとより、義経の側には兄頼朝に逆らう気などはなく、五月七日には、頼朝に「異心」無きことを制約する起請文を献じている。

義経の腰越状

五月十五日、義経は生け捕りにされた宗盛・清宗父子を伴い、鎌倉に向かった。もちろん、兄頼朝に直接対面して弁明を試みるためである。義経は二十四日、鎌倉の西側の入り口にあたる相模国腰《こし》越《ごえのえき》駅で弁明の書状をしたため、頼朝の目に入れるべく、取次ぎ役の大江広元に送った。これが『義経記』のような文学作品にも見える有名な腰越状《こしごえじょう》であり、任官は源氏の名誉であること、決して頼朝に背く野心など持っていないことなどを切々とつづっているが、頼朝の怒りは解けず、義経は鎌倉に入ることすら許されぬまま、失意のうちに京に戻った。

義経の勢力を敵視する頼朝の姿勢はもはや明らかとなった。畿内西国の行政権は、義経の手から、二人の「鎌倉殿御使」すなわち近藤七国平・中原久経に完全に移管され、六月十三日、義経の支配する平家没官領二十四ヵ所が、あらためて他の功臣たちに給付されている。また、義経の経済基盤となっていた伊勢国・伊賀国の地頭職に、島津忠久などの御家人たちが補任され、義経勢力の主従制的支配の根幹が破壊された。

さらに六月二十一日には、宗盛父子が、近江国で斬られている。義経のプライドを傷つける、頼朝の苛酷な処置である。ちなみに、その二日後に、南都焼き討ちの張本人重衡が、興福寺・東大寺の衆徒たちによって、木津川で処刑されている。

義経との対立関係が明らかになるにともない、頼朝の直接の支配権が、急速に西国に及ぶようになった。七月二十八日には、鎮西（九州）地域の治安維持の権限を頼朝に付与する後白河院庁下文が発せられ、中原久経・近藤七国平の二人が九州に向かっている。石井進氏は、この院庁下文を、九州版の十月宣旨と評価しており（「大宰府機構の変質と鎮西奉行の成立」）、これによって、平氏が試みたような九州を基盤とする巻き返しの道が、義経より奪い取られている。

このようにして頼朝による包囲網が完成する中、八月頃には、義経および彼に急速に接近するようになった源行家が、頼朝への謀反の意志を明らかにし、頼朝打倒の挙兵を武士たちに呼びかける。だが、頼朝によって外堀を埋められた状態の義経による挙兵の呼びかけに応える武士はなかった。いよいよ追い詰められた義経は、十月十七日、後白河に迫って頼朝追討の宣旨を発給させた。ちょうどその日の夜、頼朝が刺客として京に遣わした土佐房昌俊《とさのぼうしょうしゅん》が義経襲撃に失敗し、後に梟首されている。

ついに頼朝と義経の対立は、公然たる軍事衝突へと発展した。同時にそれは、後白河と頼朝の関係を悪化させるものでもあった。頼朝の権力があまりに強大化することを恐れる後白河は、義経を直接の統制下に置きながら、頼朝・義経兄弟の対立関係を利用し、かつて白河上皇が行なったような、「東国を基盤とする源氏武士団」に対する政治的コントロールの再現を試みたのだといえよう。

六　文治初年の鎌倉と朝廷

頼朝は、義経が追討宣旨を得たことを知っても動揺した態度は見せず、完成したばかりの勝長寿院（父義朝の菩提を弔うために鎌倉で最初に建立した寺院で、義朝の首が埋葬された）の供養に没頭していたが、一一八四年（元暦元）十月二十九日、大軍を率いて鎌倉を発ち、上洛の動きを見せ、義経を、さらには後白河を威嚇する。

もはや京にふみとどまることは不可能と判断した義経は、十一月六日、後白河より与えられた「九国地頭」（九州地域の広域支配権を行使する根拠となる職）補任の院庁下文をたずさえ、摂津国大物《だいもつ》浜より九州をめざし船出する。すでに九州の支配に頼朝の手が及んでいるこの段階で、前途多難の船出であったが、九州にたどり着くどころか、まもなく義経の船は大風により転覆し、義経は摂津国天王寺《てんのうじ》において行方をくらましてしまう。

義経の離京と失踪により、頼朝の上洛の目的はほとんど消失したため、頼朝は駿河国黄瀬川で軍を止め、代官として北条時政をかわりに京に遣わしている。

みずからの上洛は中止されたものの、後白河に対する頼朝の威嚇効果はきわめて大きなものだった。十一月七日、義経の伊予守・検非違使が解任され、十一月二十五日に大軍を率いて時政が京に入ると、後白河は頼朝に対して義経・行家追討の院宣を与えている。

守護地頭設置の文治勅許

頼朝と後白河の関係は、もはや対等な同盟者ではなかった。頼朝の武威と軍事力を背景に、時政は後白河に対して、さらに重大な要求をつきつける。『吾妻鏡』によれば、それは、義経の追討を名目として、諸国平均に守護、荘園・公領に地頭を置くことおよび反別五升の兵糧米の徴収権を認めさせるというものだった。個別の任命ではなく、諸国一律に守護・地頭を置くことが認められた点は、制度的にきわめて大きな意味を持った。これこそ、日本史教科書や概説書の中で、もっとも一般的に鎌倉幕府成立の起点に位置づけられ、よく知られることとなった、いわゆる「守護地頭設置の文治勅《ちょっ》許《きょ》」と呼ばれる出来事である。

だが、『吾妻鏡』という後世の編纂物の記述のみから、この時点での「守護地頭」設置の実態を、鎌倉幕府成立の画期として認識することには、いくつかの問題点がある。

たとえば、より信頼度の高い他の史料によれば、義経追捕のために諸国に置かれた軍事的職名は、守護ではなく惣追捕使《そうついぶし》であったと考えられる。また、同時代史料である九条兼実の日記『玉葉』に見える「守護地頭設置の文治勅許」に相当する記述によれば、この時に置かれた職は、国を単位として設置された「地頭」(国地頭。義経・行家に与えられた「四国地頭」「九国地頭」の地位もこれに関わりがあると思われる)であり、北条時政以下の頼朝家人に対し、畿内西国の諸国が分給されて反別五升の兵糧米の徴収権と田地の知行権が与えられたのだという。さらに、これら頼朝への権限付与に公家・寺社が猛反発したことにより、翌一一八六年(文治二)三月には、兵糧米徴収が停止されて、国地頭職自体も廃止の方向へ向かい、十月には謀反人義経・行家の没収地以外の地頭職が停止されるにいたる(国地頭職に関しては、その存在自体を否定し、たんに「ある国の荘郷地頭職」を示す表現とする見解もある。三田武繁「文治の守護・地頭問題の基礎的考察」を参照)。

従って、文治元年段階に頼朝と彼の家人たちが獲得した権限は、後に鎌倉幕府の支配制度の骨格として定着する、大犯三ヵ条などに権限を限定された守護地頭制度に対し、いくつかの点で直結しない要素が存在するのである(国ごとに置かれた職名と職権の違い、地頭職設置の範囲など)。また、すでに平氏政権下に地頭職が存在していたことなどの事実も無視できない。

川合康氏は、鎌倉幕府の荘郷地頭職とは、朝廷への反乱集団の中心である頼朝が主体的に進めてきた敵方所領の没収行為と没収地の家人への給与という行為が、内乱状況の中で朝廷に追認され、律に基づく没官刑（国家による謀反人の財産没収刑）と結びつけられることで成立した軍事制度であるとし、朝廷からの公的権限委譲を中心に地頭制成立の経緯を説明する方法を明確に否定している（『源平合戦の虚像を剝ぐ』）。

また、『雑筆要集《ざつぴつようしゆう》』という鎌倉時代に成立した文例集に、一の谷の合戦の直前に、源義経もしくは源範頼によって摂津国の御家人に対して動員令が発せられた際の廻文《めぐらしぶみ》（複数の人々に回覧させて、命令・指示を知らせる文書様式）があるが、その中に、「惣追捕使の催しによって、平安京の七条口に参るべし」という文言が見える。いうまでもなく、一の谷の合戦は一一八四年（元暦元）正月のことであり、また『雑筆要集』は、実際の文書を元に作成されたことがほぼ確実であることから、一国ごとに御家人を統率して頼朝の代官として軍事指揮権を行使する惣追捕使（ほぼ守護と同じ職）は、「文治勅許」以前に存在していたものといわねばならない。一の谷合戦での源氏の勝利を前提に、二月十八日には、頼朝の諸国検断（犯罪取り締まり）権を認める宣旨が発せられており、頼朝はこの権限に基づいて、諸国の武士の非法行為を取り締まるために「惣追捕使」「守護」「地頭」などさまざまな名称で呼ばれた地位を得た御家人を各国に派遣していた。

つまり、一一八五年（文治元）における、いわゆる守護地頭設置の勅許の実態は、すでにそれ以前に頼朝が実力で獲得した権限を既成事実として朝廷が追認した出来事の一つと評すべきなのである。このように、長く鎌倉幕府成立の最大の画期とされた「文治勅許」の意義を絶対視することはできず、前後の歴史の文脈を切り離して「文治勅許」を論じることは、内乱の中で鎌倉幕府が生成されるダイナミズムを理解する上で、きわめて皮相な議論になってしまうのである。

ただし、朝廷と幕府の政治交渉過程と制度の問題の関係を議論する上では、やはり文治年間の動向に、いぜん重要な意味が見出せよう。文治元年段階の頼朝が、義経を追捕するための「日本国惣追捕使」の立場、荘園公領の治安維持に関する「日本国惣地頭」の立場、そして諸国国衙の在庁官人および荘園下司への指揮権を朝廷に認めさせたことは事実であり、大局的には、頼朝がこれらの権限を足がかりとして、後に守護地頭制度として結実する全国的支配体制の構築に乗り出したことは指摘できよう。その意味で、「文治元年」を、鎌倉幕府成立過程における重要な画期の一つに位置づけることは、やはり妥当な認識であると考える。

なお、『吾妻鏡』には、頼朝による守護地頭の設置要求は大江広元の建議によるものと記されている。だが先に述べたように、歴史的経緯と政治的背景とは無関係に、まったくの一個人の発案で生まれた制度として守護地頭制を理解することには無理がある。幕府の重要なブレーンである広元が何らかの役割を演じたにせよ、広元一人の発案とする記述は、彼を顕彰する立場からの『吾妻鏡』の曲筆と考えた方がよいだろう（上杉『大江広元』）。

さらに頼朝は、十二月六日、後白河に書状を送り、朝廷の重要事項に関する合議奏上を行なう議奏《ぎそう》公卿に九条兼実以下十名の貴族を指名するなど、朝廷人事に対する要求を提示する。反幕府派貴族を排し、親幕府派貴族を登用させることで対朝廷交渉を有利にすすめようとするこの頼朝の要求は、ある意味で平氏に勝るとも劣らない露骨な朝政介入であった。頼朝の朝廷への奏請により、翌一一八七年の二月には、朝廷の重要な政務機構の一つである記録所が再設置され、三月には、頼朝の強い後押しにより兼実が摂政に任じられている。

これらは、軍事・政治両面で勝利し、みずからの力で新たな時代を切り開きつつあることを確信する頼朝にこそ行ないえた行動であり、そのような自負が、十二月六日付書状の中に「今度天下草創なり」という言葉となって表われている。

頼朝の朝廷との協調路線

一方で、公家勢力・寺社勢力の既得権の侵害を慎重に避け、朝廷からの無用な反発を避けようとする頼朝の姿勢に変わりはなかった。義経・行家追討をめぐる急激な事態の展開は、守護地頭設置の「勅許」に示されるように、頼朝とその家人たちの権力を急速に肥大化させるものであったが、公武の力関係のバランスが崩れ、かえって政治的に不安定な情勢をもたらすものとして、これらの事態の推移を、頼朝は必ずしも手放しには歓迎しなかったようである。

一一八六年（文治二）になってから、頼朝は再び朝廷に妥協的な姿勢をとりはじめ、すでに述べたような時政の七ヵ国国地頭職停止など、「守護地頭」制に関して既得権益を後退させる態度を見せる。また、地頭の非法行為を訴える荘園領主・国司の要求をほぼ完全に受け入れ、その地頭に非法行為の停止を命じる下文を、一挙に二百五十二枚も発給している。頼朝は、家人である武士の在地支配権の拡大を、一方的に求めることはしなかったのである。さらに、西国の在庁官人に対する支配権も、大田文という一国内の田地の面積や領有関係を記した資料を作成するための文書を提出させる権限に限定させている。

一連の内乱の過程におけるこれらの動向は、一見すると武家の権力伸長の動きを後退させるもののように映るが、朝廷との協調路線をとることで、いぜんとして朝廷勢力の支配権が残存する西国地域への性急な進出を避け、東国を基盤として生まれたばかりの幕府の権力を安定させようとする頼朝の戦略と見るべきである。後の政治の流れを見れば、あるいは平氏の失敗に学んだのかもしれない頼朝のこの選択は、まことに賢明なものであったといえる。

だが、武士の支配権の拡大を急進的にめざす北条時政のような武士には、頼朝の政治姿勢は大いに不満であり、時政は、しばしば頼朝の意にそわない行動をとった。そのために、この年頼朝は、自分の代官として京都の治安維持を一手に司る立場（職名としては「京都守護」と称された）を、時政から一条能保《よしやす》（頼朝の同母妹の夫）に交替させている。

七　奥州合戦

対朝廷交渉で見せるデリケートな政治手法とは対照的に、一門の武士に対する頼朝の態度はあくまで過酷なものだった。

一一八六年（文治二）の五月二十五日に、頼朝打倒の挙兵に失敗した後、潜伏していた行家が和泉国で捕らえられ、処刑された。そもそもこの行家が以仁王令旨を頼朝に伝達したことから内乱が本格化したことを思えば、まことに皮肉な彼の末路である。

だが頼朝にとって、もはや行家の存在など問題ではなく、軍事的鬼才ともいうべき義経の動向が最大の関心事であった。

重大犯罪人に対する朝廷の常套《じょうとう》の措置として、閏七月十九日に、義経の名は義行《よしゆき》と改められ、さらに十一月二十九日には義顕《よしあき》と改名される（以後の叙述では、便宜上「義経」で通す）。頼朝の追及の及ぶ先は、その義経本人にはとどまらなかった。六月十三日には、義経の母と妹が京で捕らえられ、関東に送られている。閏七月二十九日には、義経の愛妾静《しずか》御前が生んで間もない男子が、頼朝の命を受けた雑色《ぞうしき》（頼朝の指示で諸雑務を扱った下級役人）の一人安達清経《きよつね》の手で、由比浦で殺害される。義経の血をひく男子が、将来頼朝の敵対者となる道を断つことが目的であったことはいうまでもない。何ともむごい処置ではあるが、処刑寸前の命を助けられたことで父の復讐を果たした頼朝に躊躇《ちゅうちょ》はなかったのではないだろうか。

義経の逃亡先は、陸奥国平泉を拠点として東北地方に独自の武士支配圏を築き、朝廷との直接の政治的結びつきと豊かな富を基盤に繁栄を誇った奥州藤原氏の主秀衡《ひでひら》の許であった。

奥州藤原氏の祖は、後三年合戦の軍功により、源義家より陸奥国胆沢《いさわ》・江刺《えさし》・和賀《わが》の三郡（いわゆる奥六郡の南三郡に相当）の領有を認められ、後に奥六郡の残りの北三郡（稗貫《ひえぬき》・紫波《しは》・岩手《いわて》）を支配下に収めた清衡（前九年合戦で源頼義に斬首された藤原経清の子。秀衡の祖父）である。はじめ江刺郡豊田館に拠点を置いた彼は、十一世紀末頃に磐井《いわい》郡平泉に移り、この地で奥州藤原氏は、すでに百年近い栄華を誇っていた。義経は、頼朝挙兵の前まで奥州藤原氏の許におり、その時の縁で奥州藤原氏を頼ったのだと思われる。

『吾妻鏡』の叙述に素直に従うと、一一八七年二月の段階で、追い詰められた源義経は、山伏姿に変装して、陸奥国平泉の藤原秀衡の許へ逃れている。そして、三月五日には、京都の一条能保からの報告により、頼朝はついに義経の潜伏先を知ることとなる。前述の通り、一条能保は、頼朝の妹婿にあたる貴族で、頼朝の政治方針に忠実に従おうとしない北条時政にかわって京都守護の地位につき、朝廷の情勢を頼朝に報告する立場にあった人物である。

この『吾妻鏡』の語る事柄に対し、川合康氏は疑いの眼を向けている（『源平合戦の虚像を剝ぐ』）。

それは、一一八七年の段階では、いぜん朝廷と頼朝が義経の所在をつかんでおらず、翌一一八八年の正月になって初めて朝廷の人々がそれを知ったことを示唆する同時代史料（『玉葉』）が存在し、さらに『吾妻鏡』自身の中にも、そのことと符号する記事があるからである。

後世の編纂物である『吾妻鏡』には、編纂の不手際による、このような自己矛盾が数多く見られることは周知であり、文治三年の義経関連記事に関する川合氏の指摘には従うべきだろう。

一一八八年二月になり、義経の逃亡先に関する確かな情報を入手した朝廷は、早速義経追討の宣旨を発する態勢に入った。ところが、その宣旨を与えられて追討使に任じられることが確実な頼朝は、二月十二日、一条能保を通じて追討使任命を辞退する意向を朝廷に示す。辞退の理由は、亡き母を供養する五重塔の造営と自分の厄年により一年間の殺生禁断を誓約しているから、というものだった。

さらに頼朝は、武力討伐を避け、藤原泰衡《やすひら》（前年の十月に亡くなった秀衡の嫡子）に対して義経の身柄を引き渡すことを命じるよう、朝廷に提言する。二月二十一日、朝廷はこの提案通りの内容の宣旨を発し、平泉に使いを送ったものの、泰衡は義経の引渡しに応じず、十月十二日に再度の宣旨を発したが、事態は変化しなかった。

翌一一八九年二月、殺生禁断の一年間を終えた頼朝が、ついに動いた。二月二十二日、頼朝は朝廷に対して義経追討のための出兵の認可を求め、二十五日には、藤原泰衡の勢力を偵察させるため、雑色を奥州に派遣している。

頼朝の奥州攻めの態勢は、十分な準備期間をとり、全国規模での軍事動員によって進められた。そのことを物語るのは、「島津家文書」の中の文治五年二月九日付頼朝下文である。

この下文は、島津荘の地頭である御家人惟宗忠久《これむねのただひさ》（島津氏の祖）に対し、島津荘の荘官の中から戦闘に参加可能な者を引き連れて、七月十日までに鎌倉へ参上することを命じたものである。頼朝は、半年近い後の開戦に備え、南九州の武士まで動員の対象とするほどの大規模な戦闘態勢をとっていたことが知られよう。

頼朝の軍事動員の姿勢は、いわば「本気」であり、所領が奥州より遠いなどの理由で、動員に応じなかった御家人に対しては、後になって、所領没収というきびしい罰が加えられたことが知られている。

義経の死

義経をかくまったままでは攻め滅ぼされると観念した藤原泰衡は、閏四月三十日、衣川の館にいる義経を襲撃、妻子もろとも討ち取る。短くも華々しい生涯を三十一歳で閉じた義経には、人々の同情と関心が寄せられ、『義経記』をはじめとする、彼を英雄視した文学作品が生み出されることとなった。また、義経の存在は、「判官《はんがん》びいき」（「判官」は、義経が任じられた検非違使の職を示す語）のような表現に示されるように、日本人の社会意識に特別な影響を与え、さらには、義経の首を埋めたとする伝承を持ち、彼を祭神とする神奈川県藤沢市の白旗《しらはた》神社なども成立している。

なお、実は義経は死んでおらず、北方へ逃げて、後に大陸に渡りジンギスカンとなったという、かなりよく知られた俗説があるが、社会伝承の研究素材としてはともかく、歴史実証の問題としてはまったくナンセンスであり、とくにこれ以上言及することはしない。

こうして、「義経問題」は完全に解消された。朝廷と頼朝にとって、奥州藤原氏に攻撃をしかける理由はなくなったのである。朝廷の人々は、平氏・義仲・義経という「朝敵」たちが次々と滅ぼされ、「天下落居」の時がようやく訪れたと感じていた。

ところが、頼朝の考えは違った。頼朝は、ひきつづき戦いの準備を続けたのである。すでに述べたように、頼朝は七月を開戦の時期と定めており、最後の段取りとして、兵を動かす大義名分を獲得するべく、七月十二日、朝廷に泰衡追討宣旨発給を要請する。しかし、それまで頼朝の要求に唯々《いい》諾々《だくだく》と従った朝廷も、この時ばかりは戦争継続の正当性を認めず、ただちに宣旨が発給されることはなかった。

だが、奥州攻めの決意を固める頼朝は、「合戦の場では、天皇の命令より将軍の命令が優先する」という大庭景能の言を受け、宣旨を得ぬままの開戦に踏み切る。もちろん、この時頼朝は「征夷大将軍」ではないから、景能の助言は詭弁以外の何物でもないが、最終的に頼朝の求めるものが「征夷大将軍」であることが明らかになりつつあることが読み取れる話である。

頼朝の奥州遠征

七月十九日、鎌倉を出発した頼朝軍は、大手軍（頼朝みずからが指揮）・東海道軍（千葉常胤・八田《はった》知《とも》家《いえ》を指揮官とする）・北陸道軍（比企能員・宇佐美実政《さねまさ》を指揮官とする）の三手に分かれ、奥州をめざし進軍した。大手軍は、二十九日に白河関を越えて陸奥国に入り、八月七日から十日にかけて、阿津賀《あつか》志《し》山において、藤原泰衡の腹違いの兄にあたる国衡《くにひら》が率いる平泉軍と合戦に及び、勝利をおさめる。平泉軍は、阿津賀志山に全長約三キロ、堀幅約十五メートルに及ぶ二重堀を築いて戦いに備えたが、頼朝軍の進撃を止めることはできなかった。

文治5年奥州合戦における頼朝軍の進路（川合康著『源平合戦の虚像を剝ぐ』より）

なお、この阿津賀志

山二重堀の存在とその規模については、近年の発掘成果から『吾妻鏡』のような文献史料の記述をほぼそのまま裏づける遺構が確認されており、中世城郭研究の分野で大きな注目を集めている。

勢いに乗り北上する大手軍は、十二日に多賀国府に着き、ここで東海道軍と合流する。二十二日、頼朝軍はついに平泉に攻め込むが、すでに泰衡は、奥州支配の政治拠点としていた館（「柳の御所」と称された）をみずからの手で焼きはらい、北の厨川《くりやがわ》に逃亡していた。都市平泉は、この時泰衡の放った火ですべて失われ、わずかに中尊寺《ちゆうそんじ》金色堂《こんじきどう》のみが奥州藤原氏百年の栄華を、現在に伝えている。

泰衡を追って北へ進む頼朝軍は、九月四日に、陣岡《じんがおか》という場所で北陸道軍と合流する。六日、家人河田次郎の裏切りにあって討ち取られた泰衡の首が、陣岡にいる頼朝の許に届けられた。奥州の覇者藤原氏の、あっけなくも哀れな滅亡である。その直後の九日、朝廷から泰衡追討宣旨が届けられ、遅ればせながら、頼朝は合戦の大義名分を確保することとなった。

十一日、頼朝は、陣岡から厨川に進軍し、藤原氏の残存勢力討伐や新たな占領地となった陸奥・出羽国の所領調査などの戦後処理を行なう。そして十九日に厨川を発ち、合戦の論功行賞や平泉周辺の地の見分を行ないながら、十月二十四日に鎌倉に帰着する。ここに、頼朝の奥州遠征は終わったのである。

なお、頼朝は乱後の陸奥国に対する処置として、葛西清重（下総国の御家人）に陸奥国の御家人の指揮と国内の軍事警察の管轄を委ね、翌年の出羽国における大河兼任《おおかわかねとう》の乱鎮圧後に、伊沢家景《いざわいえかげ》（京で活動していた文筆官僚）を陸奥国留守職として国内の民事行政を委ねている。清重の本拠地は、奥州平泉氏が栄えた平泉であり、家景は国府のある多賀城において留守職の政務を行なった。この二人は、あわせて奥州惣奉行《おうしゅうそうぶぎょう》と称された。

頼朝はなぜ奥州藤原氏を攻めたか

ところで、頼朝は、いったいなぜ「義経問題」消滅後に奥州の藤原氏を攻めたのだろうか。

これは、古くから議論された問題であり、比較的多くなされてきた説明は、平氏を打倒した後の頼朝が、関東の背後で強大な勢力を誇る奥州藤原氏の軍事的脅威を排除するために侵攻を行なった、というものである。確かに、かつて平氏は奥州藤原氏に対して頼朝追討命令を発しており、関東に拠点を置く者が、畿内西国の勢力と東北の勢力に挟み撃ちされる危険性は理解しやすく、この説明には一理ある。だが現実には、奥州藤原氏が頼朝の勢力圏を脅かす準備をすすめていた事実はなく、万一頼朝がそのような危険性を察知していたならば、殺生禁断による一年間の軍事行動停止の余裕などとてもなかったはずである。

従って、頼朝の奥州攻めの背景を、純軍事的な観点から説明することは困難となり、別の視点からの考察が必要となる。

ここで参考にすべきことは、奥州合戦より少し前の一一八七年（文治三）九月、頼朝の代官として九州地域の軍事支配権を掌握する天野遠景が、頼朝の命を受けた宇都宮信房《のぶふさ》とともに、義経に与《くみ》する勢力がいるとの情報にもとづき鬼界島《きかいがしま》（薩南諸島の硫黄島に相当）を攻めたことである。この合戦は、義経追討を口実として、みずからの武威を日本国の南端まで及ぼそうとする頼朝の強い意思の表われと見ることができよう。とするならば、奥州合戦の意味は、日本国のあらゆる地域にみずからの武威を及ばせ、全国の軍事統率者の地位にふさわしい立場を求める頼朝の政治的野心の問題から説明できるはずである。

すでに再三にわたってその内容に言及してきた川合康氏の著『源平合戦の虚像を剝ぐ』は、以上のような点を前提として、頼朝の「政治的」意図を重視する視点から奥州合戦の意義を解明した画期的な研究成果である。以下同書第六章「奥州合戦」の内容に依拠しながら、論述をすすめたい。

川合氏は、奥州合戦への出陣を拒否した御家人に対し頼朝が厳罰で臨んだ一方で、いったんは頼朝に敵対した武士が、奥州合戦への参戦を機に頼朝に許されていることから、「奥州合戦とは、内乱期御家人制を清算し、あらためて鎌倉殿頼朝のもとに再編・明確化する目的で、全国の武士層をいっせいに動員したものと理解することができよう」と述べ、奥州合戦の意義を「内乱終息後の平時に対応する鎌倉殿御家人制を確立しようとする頼朝の『政治』」であったと説く（一九六―一九七頁）。

では、そのような頼朝の「政治」が演じられる場は、なぜ「奥州」でなければならなかったか。

川合氏が注目したのは、奥州合戦における頼朝軍の行動が、進軍ルート・移動日時などの面で、頼朝の父祖頼義の軍が前九年合戦においてとった行動に酷似している点である。

すでに本書第一章で述べたように、前九年合戦において、頼義は、厨川で安倍氏を滅ぼした後、東国における源氏の覇権の基礎を築いた。そしてこの厨川こそ、奥州合戦において頼朝の軍が進んだ最終地点だったのである。頼朝は、奥州藤原氏の拠点である平泉を攻略し、陣岡で藤原泰衡の首を実検した後、わざわざ出羽国を攻め上った北陸道軍の到着を待ち、陣岡で全軍を集結させた後、厨川に進んでいる。これは、藤原氏の残党討伐という戦術目的のみでなされた行動とは考えがたい。

このような点以外にも、旗や出陣の日時など合戦に関する多くの問題に関して、頼朝が「頼義故《こ》実《じつ》」（頼義にまつわる先例）の踏襲に腐心していたことから、川合氏は、次のように結論づける。

（奥州合戦における頼朝の）演出は、全国から動員した武士たちに「前九年合戦」を追体験させ、源頼義の武功を彼らに強烈に認識させることによって、武士社会の内在的な論理において鎌倉殿の権威＝頼朝の「貴種」性を確立させるものであった（二一三頁）。

以上のような、奥州合戦に関する川合氏の考察は、きわめて説得力に富むものといえる。奥州版幕府とでも呼びうるほどに強大で独立した武士団勢力の存在は、確かに頼朝にとって軍事的脅威であり、これが奥州藤原氏攻撃の遠因であったことは否定できない。しかし、頼朝にとっては、源氏一族の中から自分にとって代わる存在が現われることの方が、より深刻な脅威だったのであり、源氏一族における絶対的権威を確保するため、東国と清和源氏を結びつける上で重要な役割を演じた頼義に自分の姿をなぞらえたのだといえよう。

頼朝による平氏打倒の戦いに参加した東国武士の多くは、頼朝の父義朝による東国経営の中で組織された武士であった。頼朝は、そのような父の遺産を基礎にしつつも、頼義という、より遠い父祖の事績（「神話」という表現も可能であろう）を巧みに利用して、安定的な御家人体制の構築をすすめていったのである。

また、頼義の時代と同様に、良質な金・馬など豊かな富を産む奥州の地は、頼朝とその家人たちの欲望の対象であった。一一八六年（文治二）、平氏によって焼失させられた東大寺大仏再建のために、頼朝は藤原秀衡に対して砂金三万両の貢納を命じている。この時の書状の中で頼朝は、秀衡を「奥六郡の主」とよびかけ、みずからを「東海道の惣官」と称して、支配の上下関係は明らかにしながらも奥州藤原氏の現地支配権を承認する姿勢をとっているが、藤原氏を排除して奥州の富を直接に支配することを頼朝が願ったとしても何ら不思議ではない。清和源氏の武士団が持つ伝統的な奥州への領土的欲求が、頼朝の時代にもたちあらわれ、彼の領土的野心と彼に従う武士たちの恩賞への欲求に支えられて、荒々しい力となって奥州に襲いかかったのである。

鎌倉幕府を生み出した内乱は、一般に「治承・寿永の乱」と称されているが、幕府体制確立過程と結びついた内乱自体は、文治年間を通して続いていたのであり、奥州合戦の本質を正しく理解する限り、厳密には「治承・寿永・文治の乱」という呼び名こそがふさわしいといえるだろう。

第五章　鎌倉幕府支配体制の確立

一　建久元年の頼朝上洛と幕府権力の確立

奥州合戦に勝利をおさめ、全国規模での軍事的覇権を確立した頼朝は、幕府支配体制確立の総仕上げにかかり、みずから公家政権との折衝に臨むべく上洛の決意を固める。

頼朝上洛の本格的準備は一一九〇年（建久元）九月十五日にはじまり、十月三日、先陣を侍所別当（長官）和田義盛の随兵たち、後陣を侍所所司（次官）梶原景時の随兵たちに固められた頼朝の大軍が鎌倉を進発する。後白河上皇など朝廷の人々への贈答品として、征服した奥州の特産品である金が用意された。

上洛の途上の十月二十五日、頼朝は、尾張国にある父義朝の墓所を詣で、二十八日には、母方の出自として縁のある熱田社《あつた》を参拝した後、十一月七日、六波羅に新たに建てられた邸宅に入る。これは、平頼盛の邸宅跡に建てられたもので、かつての平氏権力の拠点である六波羅は、いまや西国における源氏の拠点となり、後の六波羅探題へつながっていくのである。

十一月九日、頼朝は後白河と対面する。虚々実々の駆け引きをくりひろげた東西の二大政治家による歴史的会見である。

必ずしもこの日の出来事を対象とした叙述ではないが、慈円の『愚管抄』の中で、上洛中に後白河と会った頼朝が、自分がいかに朝廷（あるいは後白河）に忠実であるかを語る場面が登場する。そこでは、上洛して関東を離れることに反対する上総広常を、朝廷に謀反の心を抱くものとして討ち取った経緯が、頼朝によってことさらのように話される記述が見られる。頼朝がすぐに広常殺害を後悔したという『吾妻鏡』の記事と比較すると何とも不可解な話であるが、上洛時の頼朝が、「忠臣」ぶりをアピールするべく腐心した状況が読みとれるだろう。結果的に後白河や貴族たちをないがしろにする形になった平清盛は、頼朝にとっての反面教師であったといえる。

頼朝は、まだ幼い後鳥羽にも拝謁し、さらに、いまや親幕派公卿の第一人者となった九条兼実とも会っている。この後しばらくは頼朝と兼実の蜜月関係が続くことになるが、後白河の後継者となるべき後鳥羽との連携を持つために、頼朝が、長女大姫の後鳥羽への入内の工作を進め始めていたことは、おそらく兼実の預かり知らぬところでの動きであったろう。このあたりにも、狡猾《こうかつ》ともいうべき頼朝の政治的力量がうかがえる。

朝廷は、「朝敵」追討の最大の功労者頼朝に破格の恩賞をもって報い、十一月九日、参議《さんぎ》・中納言《ちゆうなごん》を飛ばして頼朝をいきなり権大納言《ごんのだいなごん》に任命し、公卿としての高い地位を与え、二十四日には、右近衛《うこのえの》大将《たいしょう》という栄誉ある武官の地位をも与える。

ところが頼朝は、直後の十二月四日、権大納言・右近衛大将の二つの職を辞している。ここでも頼朝は、一族の者による朝廷の要職独占によって貴族たちの反発を買った平氏の所行を反省して、公家の官職への無関心を装い、謙譲の姿勢をあらわしたのだといえよう。

ただし、職を辞したといっても、頼朝は「前権大納言」「前右近衛大将」の称を確保したのであり、鎌倉幕府の主にふさわしい栄誉を頼朝が得た事実は変わらないのである。

また、十二月十一日には、後白河の強い意思によって、頼朝とともに上洛した千葉常秀《つねひで》・梶原景《かげ》茂《しげ》・小山朝政《ともまさ》・三浦義村《よしむら》・葛西清重《きよしげ》・比企能員などといった東国の有力御家人が、頼朝の推挙の手続きを経て、兵衛尉・衛門尉の地位を与えられている。これら武官の地位は、武士たちの羨望《せんぼう》の的であり、頼朝は、朝廷の制度を用いることで、御家人に恩賞の給与をしたことになる。平安時代の東国の合戦では、武士たちが、源氏の棟梁による朝廷官職補任の推挙を得ることを目的に奮戦していたことを第一章で述べたが、頼朝もまた、父祖同様のやり方で、御家人たちの奉公に報いたのである。

なお、この時に頼朝の推挙を受けて任官した御家人たちは、任官の条件として、それぞれの官職ごとに定められていた一定額の銭貨を支払うことを命じられた。いわば「金で官職を買う」このようなやり方は、成功《じょうごう》とよばれ、平安時代中頃より官職任命の一つの形式として定着していたものであった。

頼朝は、御家人の任官に一定の枠をはめる一方で、朝廷の財政にも寄与することが可能な成功制を重視し、その方針は、鎌倉幕府の御家人任官統制政策の基本前提として長く維持された（上杉「鎌倉幕府と官職制度」）。

頼朝上洛の意義

一連の日程をこなし終えた頼朝は、十二月十四日、京都を発ち、二十九日に、鎌倉に戻る。

この建久元年における頼朝上洛の意義は、頼朝が実力で我が物にしたさまざまな既得権を、国家の制度の中に安定的に位置づけたことに求められる。そのことは、明くる一一九一年（建久二）の一連の出来事の中に具体的な形で表われる。

まず指摘すべきことは、建久二年三月二十二日に発せられた新制（天皇の意思で発布される朝廷の臨時法令。六日後に出されたもう一つの新制と区別して、学問上は建久I令と呼ばれている）の中で、国家軍事警察制度上の頼朝の職権が明記されたことである。

この新制は、形式的には後鳥羽天皇の意思により、実質的には院政を行なう後白河上皇の意思により発せられたもので、全十七ヵ条からなるが、その中で「京畿・諸国の所部の官司をして、海陸の盗賊ならびに放火を搦め進むべき事」という事書（見出しに相当する一文）を持つ十六番目の条文の中で、京・諸国の担当部局（具体的には検非違使など）とともに「前右近衛大将源朝臣（頼朝）」に対して、海賊・陸賊・放火人の追捕が命じられている。

平氏が朝廷政治に強い力を持っていた一一六七年（仁安二）に、平重盛が同様な立場を与えられたことがあったが、個別の謀反人の追捕ではなく、国家の秩序を犯す行為一般の取り締まりを、既成の役所とともに名指しで命じられたことは、内乱の勝利者たる頼朝とその家人集団を、国家的軍事警察の権限を公的に保持した唯一の武士集団として認定したことを意味した。前年の頼朝上洛による公武交渉の中で、このような条文を含む新制の発布の方向性が合意されたのである。

むろん、これはあくまで、頼朝の実力支配に対する朝廷の「追認」にすぎないが、後に御成敗式目《ごせいばいしきもく》の中で明確化される守護の「大犯三ヵ条」の前提となるものであり、いわば幕府の国制上の存在理由が明らかにされたことを意味する。こうして、幕府の支配は法制度的根拠を与えられ、磐石《ばんじゃく》なものになったと評価できる。

さらに、頼朝が上洛の際に、公卿の地位を与えられたことは、幕府支配機構を整備する上で重要な意味を持った。

一一九一年（建久二）正月十五日、頼朝は鎌倉において、政所《まんどころ》の吉書始《きっしょはじめ》を行なった。吉書始めとは、年頭や官職昇進後のような画期に、儀礼的に行なう文書作成行事のことで、この時のものは、頼朝の右近衛大将就任（直後に辞退したが任命の事実に変わりはない）を画期として行なわれた、頼朝の家政機関である政所の吉書始である。

この時の『吾妻鏡』の記事には、政所の職員として、令《りょう》―二階堂行政《にかいどうゆきまさ》・別当―大江広元・知家事《ちけじ》―

中原光家《みついえ》・案主《あんじゅ》―鎌田《かまた》俊長《としなが》の四名が記され、その他に、問注所執事の三善康信、侍所の別当和田義盛と所司梶原景時、裁判・行政の担当スタッフとして頼朝を支える公事《くじ》奉行人の中原親能《ちかよし》以下七名、京都守護一条能保、鎮西奉行天野遠景といった名が記されている。彼らの有する地位は、いずれもこれ以前に与えられたものだが、政所吉書始という晴れの場で、あらためて幕府支配機構内の立場が確認されたのである。

頼朝の家政機関として政所は、すでにこれより以前に存在し活動していたことは確実であるが、この日の儀礼は、「前右近衛大将源頼朝」の政所の「公式の開設宣言」に相当するものといえよう。以上のように、一一九〇年の頼朝上洛は、全国的武家政権にふさわしい幕府支配機構の整備の前提を作る意義をもっていたのである。

袖判下文から政所下文へ

なおこの頃より、頼朝の意思により発せられる幕府の命令文書は、頼朝の花押を文書右の余白部分（袖とよばれる）に記した袖判下文《そではんくだしぶみ》（第三章参照）から、公式に開設を宣言された家政機関政所の発給する政所下文に切り替えられている。

小山朝政や千葉常胤といった東国の有力御家人は、地頭職給付の文書が、袖判下文から政所下文へ変えられることを拒み、例外的に袖判下文を与えられたことが知られている。政所の職員の名と花押のみが記され、頼朝の姿を文書上見ることのできない政所下文の権威より、頼朝自身の存在を感じ取ることのできる袖判下文により強い愛着を抱いていたためで、初期鎌倉幕府における頼朝と東国御家人の間の強い人格結合の一端を知ることのできる、興味深い出来事である。

前年の上洛と深い関わりを持つ上記のような事柄の他にも、一一九一年における幕府支配体制整備の動向を見ることができる。

源頼義以来の東国を支配する源氏の氏神である鶴岡八幡宮は、一一八〇年（治承四）十月の頼朝による小林郷への遷座以降、段葛《だんかづら》として有名な参詣道や池が造営され、さらに放生会《ほうじょうえ》・流鏑馬《やぶさめ》などの行事が恒例化されることで、宗教儀礼の場としての整備が進められていた。たまたまこの年三月の火災で社殿が焼失し、その復興事業が始められることになり、頼朝は十一月、鎌倉の北側の地に新たな社殿を築き、規模と装いを新たにした鶴岡八幡宮を創設している（これが現在の社殿の起源である）。毎年の年初における将軍自身の参詣が恒例とされ、鶴岡八幡宮は、中世後期にいたるまで、都市鎌倉の宗教的中心の位置を占めることとなるのである。

二　征夷大将軍と御家人

一一九二年（建久三）三月十三日、平安時代末期における政治動乱の立役者の一人である後白河上皇が、六十六歳で亡くなる。

後白河の死は、頼朝に新たな栄誉を与える直接の契機となった。「幕府」と聞けばだれもが連想するであろう「征夷大将軍」職への就任である。

征夷大将軍とは、陸奥の蝦夷《えみし》を征討するために臨時に置かれ、一時的に天皇の軍事大権を委任される職である。七二〇年（養老四）の多治比県守《たじひのあがたもり》が初見であり、平安時代初期の桓武朝に坂上田村麻呂《さかのうえのたむらまろ》が任じられたことはよく知られているだろう。九世紀以降、補任の例は長く絶えたが、一一八四年（寿永三）に、後白河を武力で脅迫することで源義仲が強引にこの地位を得たことは、前述の通りである。

頼朝は、右近衛大将という武官のみでは満足せず、征夷大将軍に任じられることを強く望んでいた。必ずしも官職へのこだわりを強く持たない頼朝が、これほど征夷大将軍の職にこだわったのはなぜだろうか。

その理由を考えるためにもっとも大事な点は、「征夷」の語義、すなわち「東方の異民族を征討する」ということである。頼朝は、遠い父祖の時代にさかのぼる東国と源氏の関わりを基礎に、軍事政権をうち立てた。東国こそが彼の権力の基盤なのであり、だからこそ朝廷の意向を無視してまで、同じ東国にあって武威を誇る奥州藤原氏を攻め滅ぼしたのである。頼朝は、「朝敵」追討のために天皇の国土支配権を一部委任され、東国を軍事的に支配することを認められた征夷大将軍こそ、みずからが作りあげた幕府の主の称としてもっともふさわしいと考えたのであろう。

だが、後白河は、頼朝の征夷大将軍職補任をかたくなに拒んでいた。他の多くの事柄で頼朝の要求に従った後白河は、この問題についてだけは妥協の姿勢を見せなかった。かつて保元の乱の勝利者として、日本のすべての土地・人民の支配者たることを高らかに宣言した後白河は、東国の地の支配を全面的に委ねる名分を頼朝に与えることが許せなかったのだろう。

後白河の死により、頼朝の最後の野望を阻《はば》む者はいなくなり、九条兼実の協力を得て、七月十二日、頼朝は征夷大将軍に任じられた。征夷大将軍の地位を得たことで、頼朝は、国家の軍事をつかさどり諸国の武士を統率する名目を最終的に確立させた。

なお、ここまでの叙述では、実質として成立している頼朝の軍事政権を「幕府」と呼んできたが、そもそも「幕府」とは、出征中の将軍の陣所を表わし、転じて、武家の首長の居館あるいはその支配機構を指すようになった語である。その意味でも、頼朝の征夷大将軍就任は、まさに名実ともに幕府が成立したことを意味するといえよう。こうして、六百七十年余にわたって続く、幕府を象徴する職としての征夷大将軍の歴史が始まることになったのである。

御家人体制の整備

幕府支配の名分を整えた頼朝は、この年、御家人体制の整備にも着手する（「御家人」とは、頼朝を敬って呼ばれた、その家人に対する尊称）。全国各地に存在する武士の中で、だれが頼朝の家人となり、幕府の軍事力を担うことになるのかは、実は意外に不明瞭な問題であった。とくに、挙兵以来軍事行動を頼朝とともにした武士の多い東国とはことなり、急速に頼朝の支配下に入った西国では、御家人身分の確定があいまいにされている地域も多かった。

頼朝は、御家人となるか否かの判断を、個々の武士に委ねることとした。御家人となることを選んだ武士の名は、各国の守護によって一括して交名《きょうみょう》（人名のリスト）に記され、その交名が頼朝に提出されることで、晴れて御家人となる手続きがとられた。主と仰ぐ人物にみずからの名を書き記した文書を提出して主従関係が結ばれることは、古代以来の伝統的儀礼であり、ここでもそれが踏襲されたのである。

このようにして御家人となった西国の武士の多くは、主人である頼朝自身に対面することは終生なかった。彼らはとくに「国御家人《くにごけにん》」とよばれ、頼朝との強い人格的結びつきを持つ東国御家人と区別される。

ところで、「頼朝の家人になる」ということは、具体的な行動の問題として、どのようなことを意味したのであろうか。

それは、頼朝の命によって京都大番役（あるいはたんに大番役）を務めるというものであった。大番役は、平氏の時代に存在した、平氏の家人を中心とする諸国の武士が輪番で京にのぼり内裏の警備にあたる内裏大番役の制に由来するものである。内裏大番役に要する費用は、すべて大番役を務める武士の自己負担であった。『承久軍物語《じょうきゅういくさものがたり》』という軍記物語には、頼朝がこの内裏大番役を幕府の制度に組み込むにあたり、勤務期間を従来の三年から六ヵ月に短縮したと記されているが、定かではない。実例を見ると、勤務期間は三ヵ月から六ヵ月である。

御家人への大番役催促を行なうのは、各国の守護であった。従って、西国で作成された各国ごとの御家人交名は、大番役の動員対象が記されたものということになる。現存する若狭国・和泉国などの西国御家人交名を見ると、その数は三十名程度であり、西国では、武士の中のごく一部のみしか御家人となっていないことが推測される。また西国御家人の中には、頼朝の御家人となる道を選びながら、いぜんとして有力貴族や大寺社との関係を維持する者も少なくなかった。後の承久《じょうきゅう》の乱における倒幕のための武力として、後鳥羽が西国武士に大きな期待をかけたのは、以上のような事情による。

鎌倉幕府の誕生によって日本中の武士がすべて御家人になったのではなく、それどころか、西国では御家人となった武士はむしろ少数派であり、決して御家人体制が強固なものでなかったことは、これ以後の鎌倉幕府軍制の展開を考える上で大事な点である。

鎌倉幕府の「成立時期」

ところで、時に鎌倉幕府の「成立時期」が議論されたり、問題にされたりすることがある。

鎌倉幕府成立に関する有力学説としては、鎌倉における頼朝の軍事拠点が成立した一一八〇年（治承四）、東国に対する頼朝の特殊権限を朝廷が容認した十月宣旨の出された一一八三年（寿永二）、公文所・問注所など幕府の支配機構の骨格が完成された一一八四年（元暦元）、いわゆる守護地頭設置の勅許がなされた一一八五年（文治元）、頼朝の全国的軍事指揮権が朝廷より公認された一一九〇年（建久元）から一一九一年（建久二）、頼朝が征夷大将軍に就任した一一九二年（建久三）があげられる。はたして、どの説に従うべきなのだろうか。

ここまで読みすすまれ、鎌倉幕府とは「国制の中に公的に位置づけられた、源氏の武家棟梁が率いる東国武士団を中核とした朝敵追討のための軍事システム」であることを理解された読者は、それぞれの説が注目する出来事のすべてが、幕府体制確立のステップとして重要な意味を持つことに気づかれよう。「鎌倉」を拠点に、「東国の支配」を基礎として、「守護地頭制や国家守護権」を制度的根拠に、そして「征夷大将軍職」を名分として鎌倉幕府が最終的に確立したことを考えれば、成立時期に関わる前述の諸説に優劣をつけ、取捨選択する必然性は、少なくとも筆者には感じられない。

あるいは便宜的な説明ととられるかもしれないが、一一八〇年から一一九二年までの時期を、一連の鎌倉幕府成立過程ととらえ、その中での重要な画期の特質を理解すれば十分であると思う。少なくとも、「いい国（＝一一九二）作ろう鎌倉幕府」という、例の国民的?フレーズが、きわめて部分的で不十分な表面上の認識にすぎないことだけは確認してほしい。

三　鎌倉幕府支配体制の構造とその特徴

内乱の経過と政治過程に関する時系列的叙述にひとまず区切りをつけ、鎌倉幕府権力の基本構造とその特徴を、ここであらためてまとめてみたい。

幕府の体制を支えるもっとも重要な人的基盤は、頼朝と御家人の間に結ばれた主従関係である。頼朝に従った関東の武士団は、戦闘行為によって頼朝への奉公をおこない、頼朝はそれに対し、彼らの本拠地に対する支配の保障（本領安堵《ほんりょうあんど》）や新たな所領の恩賞給付（新恩給与《しんおんきゅうよ》）などを行なった。このようにして、頼朝は関東武士団と主従関係を結び、彼らを御家人として組織した。この関係が、頼朝の支配の拡大にともなう広がりを見せ、御家人体制は全国規模の武士身分秩序として確立したのである。

封建関係

所領支配を通じて成立するこのような主従関係は、一般に封建関係とよばれる。封建関係は、平安時代中期以降の武士社会で育《はぐく》まれながら、鎌倉時代以降の武家権力の骨格となっていった。このような土地を媒介とする主人と従者の関係は、中世ヨーロッパに存在した武装集団の主従制に類似した面を持ち、西欧の歴史学の中で成立した「中世」という時代区分概念を、比較的無理なく日本史の議論に適用しうる根拠となっている。

御家人たちは、建前としては、頼朝の前にあってお互いに対等の関係（「朋輩《ほうばい》」などと呼ばれた）にあった。だが現実には、御家人間には厳然たる身分的相違が存在した。古くからの清和源氏嫡流との縁を持ち、頼朝の挙兵に参加した東国御家人は、それ以外の東国御家人あるいは西国御家人より、明らかに上位にあった。また在地領主としての勢力の違い、具体的には所領や兵力の大きさの違いも、御家人の身分序列に影響を与えていた（ちなみに、大規模な所領を持つ武士は「大名《だいみょう》」とよばれ、後世の多くの武家関連熟語の語源となる）。

「座次」をめぐる問題

御家人間の身分序列をいかに統制し、身分序列に関わるさまざまな混乱を回避することは、頼朝にとって意外に難問であった。

とくにトラブルの契機となったのは、頼朝の御前における御家人の座の序列（「座次《ざじ》」という）をめぐる問題だった。事例を一つ紹介しよう。

一一八六年（文治二）正月三日に行なわれた鶴岡八幡宮拝礼における御家人の座次に関して、御家人たちの間から疑問と不満がわきあがった。二列に向かい合って並ぶ御家人たちの中で、千葉胤頼が父常胤のほぼ真正面の位置（＝身分が対等に近いことを示す位置）にいたことが取り沙汰されたのである。この座次は頼朝の命によるものであったため、頼朝は、胤頼が五位、常胤が六位という位階の相違による判断であることを、わざわざ弁明させられている。胤頼は、若い頃京都で滝口の武士となり、上西門院《じょうさいもんいん》（鳥羽天皇第二皇女）に仕えた縁で、五位という、千葉氏一族では抜きんでた高位を持っていた（野口実『坂東武士団の成立と発展』）。実は頼朝もまた、若き日に上西門院に蔵人として仕えており、公家社会の秩序を重視した頼朝の判断による破格の座次だったのだろう。だが、家父長制的人間関係に慣れ親しんだ関東の有力御家人たちは、朝廷の位階の序列よりも父子間の序列の秩序を重んじたために、このような出来事が生じたのだと考えられる。

御家人間の座次のトラブルは、血なまぐさい武力抗争にもつながりかねないだけに、一一九三年（建久四）の正月一日、頼朝は、御家人間の「座敷次第」を自筆でしたためている。これはおそらく、垸飯《おうばん》の時の座次を定めたものと思われ、それはそのまま、一年間の御家人座次を規定したものとなったのだろう。垸飯とは、公家の共食儀礼に由来し、有力御家人による将軍饗応の儀礼となった幕府恒例の年初行事で、その年の将軍・御家人間の主従関係を再確認する意味を持っていた。

東国御家人社会の専制君主ともいうべき頼朝が、御家人の身分序列に関しては、意外に御家人の反発にてこずっていることが興味深い（御家人座次の問題に関しては、上杉「鎌倉幕府の座次に関する覚書」を参照されたい）。

残念ながら頼朝自筆の「座敷次第」の具体的内容は不明だが、推測の参考材料として、『吾妻鏡』文治四年（一一八八）九月十四日条に見える、頼朝御前の最上位にあたる「南一座」に畠山重忠、その次に位置する「北一座」に梶原景時がいたことを示す記事、または、千葉氏関係の記事にくわしいという特徴を持つことで知られる『平家物語』の異本『源平闘諍録《げんぺいとうじょうろく》』に、千葉常胤が頼朝御前の最上位の座次を有したという記事があることなどが知られる。

なお垸飯について少し補足すると、元日から三〜七日間行なわれる儀礼で、各日の主催者（「沙汰《さた》人《にん》」と呼ばれた）をどの御家人が務めるかという人選には、幕府権力内の序列が反映していた（村井章介『北条時宗と蒙古襲来』）。たとえば、元日の沙汰人は最上位の御家人に相当する、というようにである。『吾妻鏡』の記事から頼朝時代の垸飯沙汰人を調べると、元日から三日までの主催者、すなわち第一位から第三位の序列に入った御家人として、千葉常胤・足利義兼・三浦義澄・小山朝政といった東国の有力御家人の名を見出すことができる。

以上の点から、頼朝の時代の御家人間には、頼朝の挙兵に加わった関東の各国を代表する有力御家人を上位に位置づける身分秩序があったことが知られる。注目すべきことに、執権北条氏は、必ずしも御家人の最上位クラスには入っていない。頼朝後見役という立場にある北条氏が、幕府内での支配的地位を確立するために、他の有力御家人との間で長く激しい政治闘争を演じ続けなければならなかった背景を、この事実に求めることができるだろう。

すべて頼朝の意思より発せられる幕府の意思決定

次に、鎌倉幕府の政治行政体制の特質について見る。

頼朝の時代の幕府機構に関して、まず確認すべき点は、裁判・行政などのあらゆる面での幕府の意思決定が、すべて頼朝の意思より発せられるという大原則である。政所・問注所など幕府の諸機構はすべて、頼朝の意思決定を助け、その実行にあたる機構・組織として存在した。幕府諸機構の中で、軍事部門に東国御家人が配置された他は、主に朝廷の実務官僚出身者が一般の政務行政を担当した。御家人・貴族・寺社などが何らかの紛争に関する幕府の裁定を求めて、幕府に訴えを起こす時、それはそのまま頼朝自身への訴の提起を意味した。実際に、そのような訴に対しては、原則として頼朝自身が直接に判断を下して裁定がなされている。

この時、訴を起こした者（原告。中世の用語では訴人《そにん》）と訴えられた者（被告。中世の用語では論人《ろんにん》）が、頼朝の面前で直接主張を展開しあって争う「御前対決《ごぜんたいけつ》」ということが行なわれる場合があり、たとえば、一一九二年（建久三）十一月二十五日に行なわれた、武蔵国御家人である熊谷直実《くまがいなおざね》と久下直光《くげなおみつ》の所領をめぐる御前対決などの事例が確認できる。

ただし、被告の主張が頼朝の面前で主張されることは必ずしも多くなく、武士の狼藉行為の停止を求める公家・寺社などの訴に対しては、被告の立場にある武士の主張を聞かず、一方的な主張のみを認め、武士の狼藉行為を禁じる裁定が下されるのが、むしろ通例であった。

この事実から、頼朝の基本姿勢が、武士の利益を擁護せず、公家・寺社といった「古代的勢力」の側に立つものとする見解も生じうる。しかし、地頭職をはじめとする御家人の権益が、荘園制という既存の社会体制を経済基盤にしている以上、頼朝は、公家・寺社の権益を過度に侵害することで朝廷との無用の軋轢《あつれき》が生じることを避け、成立後まもない幕府体制の中での御家人身分のさまざまな既得権を安定させることを重視したと見るべきだろう。

なお、問注所という機構に関して「幕府の裁判を扱う役所」という説明が行なわれることが多いが、予備的審理としての書面審査を行なうことはあっても、問注所の職務の中心は、あくまで頼朝に対してなされる訴の「受理実務」である。念のため一言しておく。

地方領域支配の面では、原則として各国ごとに守護がおかれ、主に東国出身の有力御家人が任ぜられた。前述の通り、守護はそれぞれの国の御家人に対して京都大番役の催促を行ない、さらに謀反人・殺害人の追捕を職務とした。関東より離れた広い地域を管轄する職には、京都守護・鎮西奉行・奥州惣奉行があった。

なお、東国御家人には、輪番で幕府の警護にあたる鎌倉番役《ばんやく》が課せられた。また、荘園・国衙領を単位としておかれた地頭に任ぜられた御家人は、年貢・官物の徴収と所領内の治安維持に責任を負い、その見返りとして、年貢・官物の一部を収入として得ることを保障された。

荘園公領制を基礎とした権力

次に、幕府権力の経済基盤についてまとめてみよう。

まず指摘すべきことは、幕府権力とは、基本的に荘園公領制を基礎とした権力であり、その点でこの時期の朝廷との共通性を持っていたという点である。

鎌倉幕府の主要な経済的基盤となったのは関東御領・関東御分国であったが、関東御領は頼朝を本《ほん》所《じょ》とする荘園であり、関東御分国は頼朝を知行国主とする知行国であった。関東御領は、五百ヵ所以上の平家没官領を中心に構成され、関東御分国のほとんどは、伊豆・相模・武蔵など関東の国々であった。また、多くの御家人の経済基盤となった地頭職も、荘園制の枠組みの中で設置されたもので、荘園制を維持する役割をになっていた。

さらに経済基盤の問題として特筆すべきことに、幕府が、守護を通じて国衙の在庁官人に大田文《おおたぶみ》の作成を命じたことがあげられる。平安時代後期における朝廷の国家財政再建事業の一環としての大田文作成については、すでに第二章でふれたが、幕府もまた、一国単位で荘園公領の面積や領有関係をまとめた大田文を国内支配のために積極的に活用し、地頭職補任や地頭への課役のための基本台帳としている。これは、荘園公領制が朝廷と幕府の共通の経済基盤であることのあらわれの一つである。

鎌倉幕府を支える経済基盤が確立する一方で、幕府成立後も、大規模な荘園・国衙領を基盤とした天皇家・有力貴族・大寺社の勢力は維持されており、朝廷は、新制とよばれる法令の発布などによって、全国への行政支配権を行使していた。

ところで鎌倉幕府の成立は、朝廷の財政にとってはどのような意味を持っていたのだろうか。はじめに結論的なことを述べるならば、鎌倉幕府は、荘園公領制の秩序を維持するための権力として、朝廷の経済基盤を維持する役割を果たしていた。頼朝は、荘園領主や知行国主の個別権益を擁護するにとどまらず、朝廷権力が総体として日本国の領域に賦課する、いわゆる国家財政のシステムを維持し、強化する立場をとった。

中世の国家財政といってもあまりピンと来ないかもしれない。確かに、中世という時代は、諸権力の分散により国家財政の規模がもっとも縮小した時代である。しかしながら、国家最高神としての伊勢神宮の式年遷宮《しきねんせんぐう》（二十年ごとに行なわれる神殿の移転新築事業）、天皇即位儀礼の要の位置にある大《だい》嘗会《じょうえ》、内裏の新築事業といった大規模の経済負担をもたらす臨時の重要な国家的行事は、荘園・公領を問わず、原則としてすべての土地に賦課される税（一国平均役）によってまかなわれており、これらの収取は、国家財政と呼ぶに十分なものであった。

頼朝は、朝廷による一国平均役賦課を阻害する御家人、とりわけ地頭として年貢官物の収取に責任を持つ御家人の行動を厳しく戒めるとともに、幕府が支配する地域（東国、関東御領・関東知行国）への一国平均役賦課に積極的に応じる姿勢を堅持した。たとえば役夫工米《やくぶくまい》（「やくぶたくまい」とも。伊勢神宮の式年遷宮において、神殿の造築費用のために賦課徴収される米）の賦課徴収の場合、一一九三年（建久四）度の伊勢遷宮行事が、頼朝の全面的バックアップによって遂行され、以後の幕府の政策的先例とされている。

役夫工米賦課をめぐる頼朝の政策の評価に関しては、頼朝の「勤王」ぶりを読みとる見解（上横手雅敬「建久元年の歴史的意義」）や御家人編成戦略の一環と見る見解（義江彰夫『鎌倉幕府地頭職成立史の研究』）がある。これらは、いずれも真実の一面をついていると思われるが、頼朝の政策の本質を見極めるためには、両面を統合して理解することが必要だろう。頼朝は、軍事警察に限らず、経済面での役割を担いうる国家権力の一構成要素として家人集団を位置づけることをめざし、それは幕府体制の安定強化にとっても有益であると考えたのだろう（以上、朝廷の国家財政と鎌倉幕府の関係については、上杉「国家的収取体制と鎌倉幕府」を参照されたい）。

また、国家財政に準じるものとして、平氏に焼き討ちされた東大寺大仏の再建費用調達の問題がある。これに関しても、重源による勧進《かんじん》（寄付を募る行為）による全国規模の費用調達が行き詰まりを見せた際、頼朝は、勧進への積極的協力を御家人たちに督励するとともに、みずから東国地域の勧進者として、費用調達に腐心し、一一九五年の大仏開眼《かいげん》を成就させている。なお、五味文彦氏は、東大寺大仏の再建に奥州産の金が多く用いられたことを、頼朝による奥州侵略の合理化と指摘している（『大仏再建』）。このような宗教事業にも、朝廷の支配に忠実であると同時に、幕府体制強化に腐心する頼朝の姿がうかがえる。

鎌倉幕府と平氏の支配体制との比較

ここで、少し視点を変えて、鎌倉幕府の支配体制を、それに先行する平氏の支配体制と比較した時、どのような事柄が指摘できるか、という問題を考えてみたい。

すでに各所でふれたように、守護地頭制や家人制にもとづく大番役など鎌倉幕府の重要な諸制度の多くは、平氏の時代に存在した制度に由来する。頼朝への国家的軍事警察権の付与も、平氏の重盛（実質的には清盛）に与えられたものだった。その意味では、鎌倉幕府は、平氏の軍事支配体制を継承し、その延長線上に構築された軍事体制であるという側面を持つといえよう。

同時にまた、鎌倉幕府が、平氏の時代とは比べ物にならないほど安定的かつ全国的な規模で武士を結集した、より完成度の高い軍事政権であることも事実である。流人身分にあった頼朝は、たんに軍事力だけではなく、巧みな政治力の発揮によって、平氏政権の限界を克服したのだといえよう。

以上のような点は、武家の政権としての成熟度に関する比較であるが、それ以上に重要な相違は、平氏政権とは異なり、頼朝が「東国武士集団の結集」により「東国の支配権」を基礎として全国的軍事支配の制度的完成を達成させたことである。

あらためてくりかえすまでもないが、頼朝は、内乱の途上で十月宣旨を得て東国の実質的支配者の地位を確保し、その地位を脅かす可能性を秘めた奥州藤原氏を強引に滅ぼした。頼朝は、一一八八年(文治四)に東国地域を対象として殺生禁断令を発し、早い段階で、天皇の法令発布とは別個に、東国における法令発布者としての姿を見せている。

また、一一八五年十一月二十九日に、頼朝は東海道の「駅路《えきろ》法」を定めている。ここでの東海道のルートを具体的に見ると、近江・美濃を経て太平洋岸の諸国を通るというものであり、律令国家の定める東山道・東海道のいずれとも異なっている。川尻秋生氏は、このルートこそが、古代の東国社会における人や物の移動に一般に用いられる、いわば「東日本の幹線路」であったという興味深い事実を明らかにされている(「古代東国における交通の特質」)。これは、頼朝が建前としての律令によらず、東国社会の現実をふまえてその支配者たらんとしたことを示すものと評価できるだろう。

もちろん平氏にも西国という固有の権力基盤があり、都落ち後の平氏が西国で再起をはかった事実はある。だが、第一章で述べたように、東国は伝統的に国家の軍事力と深い関わりを持っていた。頼朝がその東国に支配基盤を置いて「朝敵」から国家を守る役割を果たし、相対的に朝廷から独立した勢力を維持することで、朝廷の西国支配権との過度な競合を避けたことが、「敗北した平氏」と「勝利した源氏」の分岐点になったのではないだろうか。

四　頼朝の晩年と死

鎌倉幕府の支配体制が確立したにもかかわらず、幕府支配層内部での権力闘争の火種は消えなかった。そのことを物語るのが、仇討ち物語として名高い『曽我《そが》物語』の題材となった一一九三年（建久四）五月の事件以降の一連の動きである。

五月二十八日、頼朝は、富士野で巻狩《まきがり》りを行ない、長子頼家《よりいえ》をこれに参加させた。巻狩りとは、獲物を囲いの中に追い詰めながら仕留める大規模な狩猟行事で、遊興であるとともに、武士にとって重要な武芸鍛錬の場であった。頼朝の巻狩り主催は、狩猟民の系譜を引く武士集団の長たる自己の立場を広く宣言するとともに、長子頼家を後継者として御家人たちに認知させる意味を持っていた。

曽我兄弟の仇討ち

この巻狩りの際、神野の野営地で、曽我祐成《すけなり》・時致《ときむね》兄弟が工藤祐経《すけつね》を討ち取る事件が起きる。曽我兄弟の父河津祐通《かわづすけみち》（祐泰・祐重とも）は、一一七六年（安元二）に伊豆国奥野《おくの》で行なわれた巻狩りの場で従兄の工藤祐経の従者に暗殺されていた。伊豆国の所領をめぐる一族内の争いが原因であった。すなわち曽我兄弟は、同じ巻狩りの場で、父の敵討ちを果たしたのである。赤穂浪士《あこうろうし》の吉良上野介《きらこうづけのすけ》殺害とともに、日本史上最も有名な仇討ちとされるこの事件そのものは、武士社会によく見られた所領をめぐる私闘と武力報復の一つにすぎない。頼朝の挙兵とその成功が、多くの所領をめぐる対立（その多くは一族内でのもの）による武士相互の闘争とからみあっていたことは、くりかえし述べてきたとおりである。

だが、曽我兄弟の事件はこれだけでは終わらなかった。仇討ちを果たした後、兄祐成は新田忠常《にったただつね》に討ち取られてしまったが、弟時致は、なんと頼朝の寝所をめざして進み、捕らえられたのである（頼朝は時致の剛勇ぶりに免じて許そうとしたが、結局処刑する）。つまり、仇討ちは頼朝暗殺未遂事件に発展したのである。

幕府の軍事力の強大さにもかかわらず、将軍の身辺は意外に警備が手薄であった。一一八一年（養和元）に、武芸に秀で頼朝の信頼が厚い北条義時・下河辺行平・結城朝光たち十一人の武士に対して、頼朝の寝所の警護が命じられているものの、将軍の親衛軍とよぶべき体制はいぜん十分ではなく、将軍の身体は予想以上に危険にさらされていたのである。

曽我兄弟を後見していたのは北条時政であり、兄弟の行動に時政の後ろ盾があったとする見解が有力である。とすると、時政と頼朝の間にきわめて不穏なものがあったことがうかがえるが、この種の事件の常で、真相は明らかではない。

だが、一つだけはっきりしているのは、この事件を契機に、頼朝による過酷な粛清が再び激化したことである。

八月十七日、曽我兄弟の事件の報に接して不安がる北条政子に対して、「私を頼ってほしい」という意味の言葉を発した源範頼が、その不穏当な発言のために謀反を疑われて伊豆国に流され（後に幽閉先の修善寺で殺害される）、一族も滅ぼされる。また、その直後の二十四日、挙兵以来頼朝と行動を共にしてきた相模国の有力御家人である大庭景義と岡崎義実が、出家している。何らかの罪を問われたことによるものと理解せざるをえない、突然の出家である。さらに十一月二十八日には、甲斐源氏の安田義資が、頼朝周辺の女房に恋文を送った件で梟首され、その父義定も縁坐《えんざ》による責任を問われて所領を没収され、翌年八月十九日に謀反の罪で処刑されている。

これら一連の出来事の中で、範頼と安田義定・義資に対する粛清は、頼朝による一門の有力武士の排除路線が復活したものとして、一応の説明は可能であるが、それにしてもなぜこの段階で再び排除路線をとりはじめたのか不可解である。大庭景義・岡崎義実の出家の背景にいたっては、さらに謎である。

坂井孝一氏は、曽我兄弟の事件の背後に、頼朝を粛清に駆り立てるような政権打倒のクーデターの試みがあったとし、それは大庭景義・岡崎義実による源範頼の擁立の動きではなかったか、と推測する（『曽我物語の史実と虚構』）。幕府の公認史書『吾妻鏡』には決して書かれることのない「事実」に迫る興味深い見解である。富士野の巻狩りが、自分の後継者としての頼家の「お披露目《ひろめ》」の意味があることはすでに述べたが、頼朝が、不穏な動きに過敏になり、頼家のライバルとなりかねない清和源氏一門の有力者の抹殺を考えたとしても不思議ではない。

鎌倉幕府は、所領をめぐる東国の有力武士団の利害抗争の中から、清和源氏の嫡流が専制支配者たる「鎌倉殿」に祭り上げられることによって成立した。御家人たちの多くは頼朝個人との結びつきで幕府に結集していたのであり、逆にいえば、頼朝と強い結びつきを持った武士のみが幕府内での有力な地位を保障された。幕府のこのような本質に変化がない限り、あらたな「鎌倉殿」を求める武士団の動向を契機とする血なまぐさい政治闘争は避けられない。曽我兄弟の仇討ち以降の状況は、そのような幕府権力の矛盾を示しており、事実、その後の幕府政治史は、幕府支配層内部の数多くの権力闘争に彩《いろど》られていくのである。

一一九五年（建久六）二月十四日、頼朝は、政子と頼家・大姫をともなって鎌倉を発って上洛の途につき、三月四日に入京した。五年ぶりに行なわれたこの頼朝上洛の目的は、再建された東大寺落慶供養へ参列するためであった。しかしそれは、あくまで表向きのもので、早くも政治力にかげりの見え始めた九条兼実を介さずに、長女大姫の後鳥羽への入内工作をはかるべく、後白河の寵妃の高階《たかしなの》栄子《えいし》（丹後局《たんごのつぼね》）に接近すること、そして長子頼家が後継者であることを公家政権の人々に認知させることが、真の目的であった。

『吾妻鏡』は、頼朝の時代の叙述を建久六年で打ち切っており、以後、頼朝が没する建久十年正月までの足かけ四年分を欠いている。『吾妻鏡』には、このような欠落部分が都合十二年分ほどあり、石井進氏は、この欠落について、幕府にとって都合の悪い重大事件（たとえば北条氏の不祥事など）の起きた年の叙述が困難に陥ったためと説明している（「吾妻鏡の欠巻と弘長二年の政治的陰謀（?）」）。五味文彦氏は、この説に疑問を示し、建久六年までの記述が「頼朝将軍記」として完成された後、建久七年から以降の分は編纂に至らなかったために、このような欠巻が生じたとする、『吾妻鏡』の編纂方法の特質からの説明を試みている（『吾妻鏡の方法』）。

いずれも興味深い見解で、にわかに正否の判断を下せないが、頼朝は在職二年ほどで征夷大将軍の地位を辞していたらしく（ただし朝廷は、辞任を公式には認めなかった）、建久六年の時点では「前将軍」の立場にあった。そのような名乗りが鎌倉殿の肩書として重みを減じないことは、「前右近衛大将」の場合と同じであるが、建久六年が、頼朝の時代から頼家の時代への移行の画期にあたることは理解しやすい。その意味で、『吾妻鏡』の編纂作業が、ここで一つの区切り目を持っていたという五味氏の説は魅力的である。ただし、石井氏の説を参考にすれば、たとえば、建久末年頃に、頼朝あるいは頼家の地位を脅かす何らかの不穏な動きが北条氏一族にあった、などの想像も可能であり、話は面白くなるかもしれない。しかし、史料のないところで議論をするのは歴史学では邪道であるから、「妄想」はこの程度にしておこう。

一一九九年（建久十。四月に改元して正治元）正月十三日、頼朝は、急な病により亡くなる。波乱万丈の生涯を送った頼朝の死は、まことにあっけないものであった（本書表紙カバーに伝源頼朝の墓の写真）。前述の通り、『吾妻鏡』は同時期の叙述を欠くが、後代の部分の叙述では、前年の十二月二十七日、御家人稲毛重成《いなげしげなり》が亡妻の冥福を祈るために築いた相模川の橋供養に臨んだ帰りに、馬より落ち、その時の傷が死因であったと記されている。

いささか不審な頼朝の死因に関しては、同時代の人々のさまざまな憶測を呼び、いくつもの風説が乱れ飛んだが、頼朝の死の真相を確かめることは、もはや現時点では不可能というしかない。ここではその詮索《せんさく》をやめて話を頼朝没後にすすめ、次章では、頼朝の開いた幕府の体制が、頼朝没後に安定的な政治制度として完成されていく過程を見ることとしたい。

第六章　頼朝没後の鎌倉幕府——北条政子の政治

一　「将軍の御台所」政子

頼朝の急死により、彼の作りあげた政治体制を継承するという困難な課題が、残された幕府要人たちに背負わされた。頼朝没後の幕府政治の流れを見るには、いくつもの視点の方法がありうるが、本章では、頼朝没後の幕府政治の展開過程を、頼朝の「後家《ごけ》」北条政子《ほうじょうまさこ》の動向を中心に述べ、幕府政治のあり方が、将軍中心の体制から北条氏中心の体制へ移行した要因を探ってみたい。頼朝在世中の叙述の中に、前章までの叙述と若干重複する部分があることは、ご容赦願いたい。

北条政子は、一一五七年（保元二）、伊豆国衙の現地役人である在庁官人をつとめていた武士北条時政の娘として生まれた。「北条」の地は、現在も伊豆韮山の地名として残る場所で、「政子の産屋《うぶや》の井戸」と伝えられる井戸が残されている。

北条の地に源頼朝が罪人として流されてきたのは、政子が生まれてしばらく後の一一六〇年（永暦元）のことである。政子の父時政にとって、流人である頼朝を監視することが大切な職務であった。

時政の館で、それなりに平穏に日々をすごしていた頼朝は、政子と恋仲になった。平氏家人としての義務である都での内裏大番役の務めを終え伊豆に戻ってきた時政は、頼朝と政子の関係を知って大いにあわてた。かりにも重罪人である頼朝と娘が関係を結ぶことは、それ自体平氏に謀反を企てることを意味した。実際に、時政同様に頼朝の監視を命じられていた伊豆国の有力武士で、やはり時政の場合と同じく、娘が頼朝との関係を持って子供まで産んだ伊東祐親（曽我兄弟の祖父にあたる人物）などは、平氏の追及を恐れ、頼朝の殺害を企てている。

身に危険がふりかかることを恐れた時政は、政子を館に閉じ込め、頼朝との仲を裂こうとしたが、政子は父の言いなりにはならなかった。晩年の政子が、「父に閉じ込められた私ですが、それでも頼朝様を慕い、暗い夜に迷い、激しい雨を凌ぎながら、頼朝様のもとに向かったのです」と述懐したという記事が、『吾妻鏡』に見える。後の政子の活躍を予感させる、彼女の激しい気性がよく反映した話といえよう。

結局、北条時政は、政子と頼朝の関係を許し、頼朝を支える立場を選択する。正確な史料はないものの、いくつかの手がかりから、一一七七年（治承元）頃、政子は頼朝と結婚し、長女大姫をもうけている。頼朝が伊豆に流されてきてから十七年の歳月が経過した、頼朝三十一歳、政子二十一歳の時のことである。

その三年後の一一八〇年八月、伊豆北条館の頼朝のもとに、以仁王令旨が届けられる。以仁王令旨に促されて平氏打倒の挙兵をした頼朝は、悪戦苦闘の中、政子とは別行動をとらざるをえなかった。伊豆半島から房総半島にわたり、南関東を武力制圧した頼朝が、鎌倉に入って政子と再会することができたのは、十月のことである。政子は、鎌倉幕府を開き将軍となった頼朝の正室（「御台所《みだいどころ》」）の地位につき、平氏への反逆に踏み切り、頼朝の後見役の立場を貫いた時政は、幕府の初代執権（当時は「執事《しつじ》」と呼ばれたと考えられる）となった。こうして、頼朝のもとに結集した東国御家人社会の中での北条氏一族の特別な立場が成立したのである。

頼朝が将軍であった時代の政子の果たした役割を見ると、頼朝周辺の女性の間で生じるトラブルを処理し、一族の女性の生活に気を配るなど、まさに「御台所」として頼朝の家政をつかさどる姿がうかがえる。また、信仰心の厚かった頼朝とともに、あるいは時に頼朝の代わりに、鶴岡八幡宮・伊豆箱根権現・永福寺《ようふくじ》（義経奥州合戦の戦死者を弔うために頼朝が建立した寺）などといった関東の有力な神社・寺院に参詣することも、政子の大切な仕事であった。そして何より、政子の果たした大きな役割は、将軍頼朝の後継者となる頼家・実朝という二人の男子を産んだことである。頼家は一一八二年（寿永元）、実朝は一一九二年（建久三）に生まれている。

大姫と政子の悲しみ

前述したように、長女の大姫は、頼朝がまだ伊豆の流人であった時代に生まれた娘であるが、この大姫をめぐっては、政子を悲しませる出来事が起きている。

頼朝の従兄弟で、信濃で平氏打倒の挙兵をした人物である源義仲（いわゆる木曽義仲）は、人質として息子の志水冠者義高を鎌倉に送っていた。頼朝は、この義高を大姫の結婚相手と決め、大姫と義高はしだいにうちとけあっていった。

やがて、頼朝と義仲が対立関係に入り、義高は頼朝の家人の手にかかり殺害されてしまう。まだ幼い大姫は、ひどく心を痛め、この時の精神的ショックが生涯残ることとなり、政子もまた大きな衝撃を受けた。

頼朝と政子は、大姫の新たな結婚相手をさがすことになった。しかし、将軍の娘という立場にある大姫の結婚問題は、政子を含め、時の権力者たちの政治的な思惑と深く結びつかざるをえなかった。

朝廷と幕府の結びつきを強めることをめざしていた頼朝は、大姫を後鳥羽天皇に入内《じゅだい》させることを思い立つ。大姫の入内によって、幕府と朝廷との間の結びつきを強固なものにせんとする思惑によるものである。

政子は、一一九五年（建久六）に源頼朝とともに上洛した際、後白河上皇の妃であった高階栄子《たかしなのえいし》（丹後局《たんごのつぼね》）と会見して、大姫の後鳥羽天皇への入内という困難な問題での交渉にあたっている。栄子は、後白河の厚い信任を得て、後白河の院政を支える女性であった。政子は、公武交渉の面でも頼朝を助けた大きな働きをしたことが分かる。

しかし、この交渉が実を結ぶ前に、大姫は、深い心労がもとで、一一九七年に亡くなる。そして、その二年後の頼朝の急死……。最愛の娘と夫を失った政子は大いに悲嘆し、髪をおろして尼となる。政子の生涯で、この頃がもっともつらい時期だったといえよう。

しかし、深い悲しみから立ち上がった政子は、頼朝という権力の中心を失った幕府の体制を守るべく、将軍の未亡人（「後家」）として、幕府政治に対する発言権をしだいに強め、政治支配力を発揮するようになる。

二　「将軍の後見役」政子

頼朝の後継者、長子頼家

頼朝が没した後に彼の後継者となったのは、長子の頼家《よりいえ》であった。政子は御家人たちは、頼家の政治に大きな不安を感じていた。父頼朝と同様のカリスマ性をもって頼家が幕府政治を主宰することは、とても望めないと感じていたからである。

政子や御家人たちは、一一九九年（正治《しょうじ》元）四月、幕府に持ち込まれた訴訟に対して頼家は直接判決を言い渡すことを禁じ、政子の父時政・弟の義時、東国の有力御家人である三浦義澄・八田知家・和田義盛・比企能員・安達盛長・足立遠元・梶原景時、実務官僚の大江広元・三善康信・中原親能・

二階堂行政の計十三人の合議をふまえて、幕府の意思決定ができる制度を作りあげた。これは、後の幕府合議体である評定衆《ひょうじょうしゅう》の原形である。将軍独裁という頼朝時代の幕府政治のあり方は、早くも変化を見せはじめたのである。

もちろん、最終的判断を下す権限は、いぜん頼家が掌握していた。一二〇〇年（正治二）五月二十八日のことである。陸奥国葛岡《くずおか》郡新熊野《いまくまの》社の社僧の境争論が頼家の判断で裁許されることとなった。陸奥国は幕府直轄地というべき地域であり、そこでの訴訟が御前沙汰で裁かれることとなったのである。この時頼家は、係争地が描かれた絵図の中央にみずからの筆で一本の線を引き、二つの領域を定めたのち、「面積の広い狭いは、それぞれの運次第である」と、訴訟当事者に言い放った。「専制君主」として振る舞うことのできた頼朝ならば、あるいはこのような裁定で十分であったかもしれない。しかし、合理的基準にもとづく判断とはまったく縁のないこのような裁定によって訴訟当事者を納得させるだけの権威を、果たして頼家が持ちうるのか……これが、政子たちにとって最大の懸案であった。

確かに頼朝に代わって頼家が鎌倉殿となったことは、御家人社会に大きな動揺をもたらす出来事であった。一二〇一年（建仁《けんにん》元）正月、長く平氏方として戦い、奥州合戦の際に頼朝に許されて御家人の仲間入りをした越後の有力武士城長茂は、頼家追討の宣旨を後鳥羽上皇に求め、京で挙兵し、討たれるという事件が起きている。頼朝による武士団統合が、頼家の代になって急速に弛緩《しかん》する危険性の大きさを示す出来事といえよう。

このような状況の中で、頼朝の許に結集した御家人たちは、頼朝亡き後の幕府政治の安定をはかるべく、新たな体制作りを模索しはじめたのである。

そして政子には、二代目の「鎌倉殿」の母として頼家を後見する重大な役割が担わされた。

こんな逸話が残されている。曽我兄弟の仇討ちの話で触れた一一九三年（建久四）の富士野での巻狩りで、神聖な狩猟行事に初めて参加した頼家が鹿を射止めたことを頼朝が大いに喜び、使者を立てて政子に報告したところ、政子は「武将の嫡子たるものが、狩りで鹿や鳥を射止めたことなどちっとも珍しいことではない。使者を立てて伝えてくるなど迷惑である」と言い放ったのである。政子にとって、我が子頼家がかわいく思えないはずはなかったろう。しかし、政子が頼家に求めたものは、父頼朝同様の権威を持った将軍の姿だったのであり、そこに、政子の頼家に対する厳しい姿勢の理由があったのだと思われる。

それゆえに、政子の頼家に対する眼差しには厳しいものがあった。頼家が御家人の一人である安達景盛《かげもり》と個人的な問題から対立関係を生じさせ、これを討とうという動きが現われた時には、頼家を厳しく叱り、みずから紛争の調停に乗り出して、事態を解決させている。

頼家の後継者問題

頼家は、一二〇二年（建仁二）七月二十二日、晴れて征夷大将軍となった。しかし頼家は、みずからの権限を有力御家人に奪われ始める状況の中、しだいに幕府政治への意欲を失い、連日蹴鞠《けまり》に興じる生活を送るようになった。そして、ついに政子に重大な決断を強いる事態が起きる。

一二〇三年三月、頼家は重病を患い、七月には危篤に陥ってしまう。早くも頼家の後継者問題が浮上したのである。

八月二十八日、政子たち幕府の指導層は、まだ六歳にすぎない頼家の長男一幡《いちまん》に関東二十八ヵ国地頭と日本国惣守護職を、そして十二歳になった頼家の弟千幡《せんまん》（後の三代将軍実朝《さねとも》）に関西二十八ヵ国地頭を譲るという決定を下す。複数の頼朝の血縁者に幕府支配権限を分割相続させることで、源氏将軍の統治を安定的に継続させようと考えたのである。

しかし、この決定に、頼家の妻で一幡の母である若狭局《わかさのつぼね》の父比企能員が大きな不満を持ち、反対の意思を示した。比企氏一族にとっては、将軍外戚としての権威をほぼ半減させせられることを意味する決定であり、この反発も当然のことであった。

『吾妻鏡』の叙述によれば、比企一族が頼家と共同して北条氏一族を討つことを決意したところ、その計画を政子が知り、北条時政が先手を打って比企能員を自邸に呼び出して暗殺し、比企一族を滅ぼす。なお、若狭局と幼い一幡も一族と運命をともにしている。

ただし、基本的に北条氏に都合のよいことしか記さない『吾妻鏡』の叙述を全面的に信用するのは危険であり、「比企氏の乱」とよばれるこの一連の出来事を、『吾妻鏡』の創作とする見解もある（本郷和人「源頼家、修善寺で殺される」）。時政と政子は、ある時期に政治家としての頼家を見限り、外戚としての立場が維持される新たな「鎌倉殿」として、頼朝のもう一人の子千幡を後継者に据える段取りを定めていたのであろう。

九月七日、頼家は出家させられ、千幡が第三代の将軍実朝となる。頼家は伊豆修善寺に流され、翌年七月十八日に同地で没する。二十三歳の短い生涯であった。『愚管抄』は、入浴中に刺客に殺害されたと記している。刺客が北条氏の放ったものであるという想像は、決して突飛なものではないだろう。

幕府の支配秩序を安定させるために、政子が血縁者に対して過酷とも思える態度で臨む出来事は、これだけでは終わらなかった。

第三代将軍に実朝

頼家の後を受けて実朝が第三代の将軍となった二年後の一二〇五年（元久《げんきゆう》二）、北条時政の後妻となっていた牧《まき》の方という女性が、実朝の命を狙うという事件が起きる。牧の方の娘婿にあたる平賀朝《とも》雅《まさ》（平賀義信を父に持つ源氏一門の武士）を新しい将軍とするためであった。この時もまた、政子は早々に事態を察知し、実朝の身柄を確保した上で、時政と牧の方を伊豆に流す。こうして政子の父時政は失脚し、義時が執権職を継ぐこととなった。

政子は、親子関係や一門の利害を越えて、武士の政権である鎌倉幕府の政治秩序を維持するために断固たる態度で行動し、そのような態度が、政子に対する御家人層全体の支持を強めていく理由となった。

実朝将軍期の政子は、事実上実朝にかわって幕府政治を総攬する立場にあり、執権北条氏の権限が次第に強まっていくようになった。

一二一三年（建保元）に、和田義盛が北条氏の挑発に乗って挙兵し、謀反の罪を問われて一族もろとも滅ぼされた事件（和田合戦）が起きると、義時は、義盛の持っていた侍所別当の地位を得て、それまでの政所別当の地位とをあわせもち、北条氏の被官である金窪行親《かなくぼゆきちか》が侍所所司になり、北条氏は、幕府の軍事力を掌握する。

一二一九年（承久《じようきゆう》元）正月二十八日、将軍実朝が、右大臣任命の拝賀の儀式が行なわれた鶴岡八幡宮において、京より下って儀式に参列した公卿たちの前で、甥の公暁《くぎよう》（頼家の子）に暗殺されるという大事件が起きる。公暁は、父の仇として実朝を討ったということなのだが、実朝の首を持って三浦義村の邸に逃げ込んだところ、そこで殺害されてしまう。

公暁には黒幕がいたと思われるが、実朝暗殺事件にはまことに不可解な点が多い。古くより、北条義時もしくは公暁の乳父《めのと》（乳母の夫）である三浦義村の謀略とする見解が唱えられているが、事件の真相は闇の中という他はない。一つだけはっきりしていることは、実朝と公暁がこの世を去り、源氏の将軍の後継者が跡絶えたことで、新たに幕府御家人たちの主人となるべき人物を探す課題が、政子たち幕府支配層に担わされたことである。

三　「尼将軍」政子

この頃の朝廷では、かつて政子の長女大姫の結婚相手に目された後鳥羽上皇の院政が行なわれていた。政子は、後鳥羽上皇に近い女房で強い発言権を持っていた藤原兼子（卿二位）と交渉し、後鳥羽の皇子を新たな将軍として鎌倉に迎えることをめざす。頼朝の子孫に代わるものとして、皇子のような権威ある存在が求められたのである。

ところで、前に述べた、大姫入内計画をめぐる政子と後白河上皇の寵妃丹後局（高階栄子）との交渉の話などを思い起こした時、この時代に女性が政治の場面できわめて重要な役割を果たしていることに気づかれる読者も多いだろう。この点に関して、慈円がその著『愚管抄』の中で、「女人入眼《にょにんじゅげん》の日本国、いよいよまことなりけりと云うべきにや」という興味深いことを述べている。これは、政子と兼子について述べた叙述の結びとして記された文章で、「入眼」とは、「ものごとが完成される」という意味である。鎌倉には政子、京都には兼子という二人の女性がいて、彼女たちが政治の上で大きな役割を果たしている現状に対して、「日本という国は、まさに女性によって大事な問題が決まる国なのだ」という慈円の観察が記されているのである。

この兼子との交渉は、必ずしも政子の望み通りの結果にはいたらず、皇子に準じる人物として、藤原摂関家の男子の中から、九条道家《みちいえ》（兼実の孫）の子の三寅《みとら》が新たな将軍候補に選ばれた。こうして政子は、第四代の将軍となるべく鎌倉に下ってきた三寅（後の九条頼経）の後見役として幕政にあたることとなった。

「後見役」と表現したが、頼経の鎌倉下向後に政子が実際に果たした役割に対して、『吾妻鏡』は「理非決断」と表現している。すなわち、幕府が下すさまざまな判断が政子の意思によって最終的に決せられていたというのである。頼家・実朝の時代の政子は、まさに「後見役」と呼ぶにふさわしいが、この段階の政子は、名実ともに鎌倉幕府の長になったということができよう。いわゆる「尼将軍」政子の誕生である。

この「尼将軍」という呼び方が、たんなる比喩《ひゆ》あるいは通称にとどまるものではないことを示す史料を、次に二つ示す。

「四代目の将軍」＝政子

『吾妻鏡』の一写本の冒頭に、「関東将軍次第」すなわち鎌倉幕府将軍の一覧表が収められている。そこでは、「源頼朝　治《ち》廿年」「源頼家　治五年」「源実朝　治十七年」という記述の後に、「平政子治八年」と記され、次いで「藤原頼経　治十八年」「藤原頼嗣　治九年」「宗尊親王　治十五年」「惟康親王　治廿四年」「久明親王　治廿年」「守邦親王　治廿五年」という記述が続く。なお「平政子」

とあるのは、いうまでもなく政子が桓武平氏の出身だからである。このように政子は、源氏将軍と摂家将軍・親王将軍にはさまれるようにして、実朝が暗殺された一二一九年（承久元）から頼経が征夷大将軍となる一二二六年（嘉禄二）の間の足かけ八年間における「関東将軍」の一人に数えられているのである。女性である政子は、征夷大将軍にこそ任じられていないから、現代の私たちは決して彼女を幕府の将軍としては数えないが、彼女をれっきとした「四番目の将軍」とする認識が古くに存在していたことになる。

さらに、政子が亡くなった後に成立した鎌倉幕府の基本法典『御成敗式目』の第七条に、「頼朝の時代以降、代々の将軍と「政子様の時代」に御家人に与えられた所領に関して、元の持ち主が返還のための訴訟を起こしてはならない」という趣旨のことが定められている。将軍の統治した世代と同格に「政子様の統治した時代」が公式に位置づけられている点にも、実質的な意味で「鎌倉殿」の一人と位置づけられた政子の姿を読みとることができる。

後鳥羽上皇の北条義時追討命令書——承久の乱

一二二一年（承久三）五月、後鳥羽上皇が執権北条義時追討の命令書を発したとの知らせが鎌倉に届く。かねてより後鳥羽上皇は、鎌倉の御家人たちが日本の政治に強い権限をふるうようになったことに不満を持っていた。そして、和歌による交流を通じて親交を結んだ三代将軍源実朝が暗殺されたり、寵愛《ちょうあい》していた女性である亀菊《かめぎく》（伊賀局《いがのつぼね》）の所有する摂津国長江《ながえ》荘・倉橋《くらはし》荘の地頭職停止要求が幕府に拒絶されたりしたことなどを直接のきっかけとして、鎌倉幕府の実質的な指導者である執権北条義時の追討を、諸国の武士に命じたのである。西国武士の中には、非御家人や後鳥羽との結びつきを持つ御家人が多く存在し、後鳥羽は、彼らの武力に期待したのであった。

今にも朝廷と幕府の武力衝突が始まろうというこの事態に、鎌倉御家人たちの間に大きな動揺が広がった。いかに幕府に忠誠をつくすべき御家人とはいえ、朝廷に弓を引いて謀反人となってしまうことには強いためらいがあったのである。『吾妻鏡』によれば、この幕府成立以来未曾有の危機の到来に、政子は次のような演説をしたという（同趣旨の演説記事は、『承久記《じょうきゅうき》』など他の史料にも見ることができる）。

皆のもの、心を一つにして聞きなさい。これは私の最後の言葉です。亡き将軍頼朝様が、朝廷に刃向かう朝敵を征伐し、関東に幕府を開いて以来、おまえ達が頼朝様から受けたご恩は、山より高く、海より深いはずです。おまえ達がその恩に報いようとする気持ちは、決して浅くないでしょう。名を惜しむものは、三代にわたる将軍の遺産を守り抜きなさい。

政子の演説は、鎌倉幕府という組織が、御恩と奉公の関係で結ばれる将軍頼朝と御家人たちとの間の強固な主従制によって成り立っていることを、あらためて御家人たちに思い起こさせ、その確信の上にたって幕府を守る責務を理解させようとしたものである。この演説の一言一句が、本当にそのまま政子の発した言葉であるかどうかについては、かなり疑問も残るが、北条氏を中心とする幕府の体制が、頼朝に始まる幕府の体制の正当な後継者であることを御家人たちに納得させ、彼らを後鳥羽上皇との戦いに踏み切らせることができる存在は、政子をおいて他にいなかったことは明らかである。この演説は、そのような政子の立場を象徴するものとして、大変重要な意味を与えられ、長く記憶されることとなったのだろう。

この演説に勇気づけられた御家人たちは、一致団結して後鳥羽上皇の軍と戦うことを決意し、遠江・信濃以東の十五ヵ国に幕府の動員令が発せられる。五月二十二日から二十五日にかけて、東海道軍・東山道軍・北陸道軍の三手に分かれて鎌倉を発した幕府軍は、西に向けて破竹の進撃を続け、六月十四日に宇治川の防衛線を突破し、翌十五日に入京して、後鳥羽軍を完膚《かんぷ》なきまでに打ち破る。

乱後、後鳥羽方の武士たちは厳しく処断され、後鳥羽・土御門《つちみかど》・順徳《じゅんとく》の三上皇が、それぞれ隠岐・阿波・佐渡に配流され、仲恭《ちゅうきょう》天皇は廃位に追い込まれる。また、従来の京都守護を発展させた六波羅探題《ろくはらたんだい》が新たに置かれ、東海道軍を率いた北条泰時《やすとき》（義時の子）、北条時房《ときふさ》（義時の弟）が就任し、朝廷の監視・平安京内外の警護・西国地域の統轄にあたることとなった。さらに、上皇及び上皇方の貴族や武士から没収された三千ヵ所余りの所領に、乱で功のあった御家人たちが新たに地頭として任ぜられた。

乱後あらたに置かれた地頭の得分は、その所領の先例によるものとされたが、依拠すべき基準がない場合、十一町ごとに一町の免田（非課税地）・反別五升の加徴米・山野河海からの収益の半分を取得することが、朝廷と幕府の合意のもとに定められた。この基準を新補率法といい、新補率法の適用された地頭を新補地頭とよんだ。

このようにして、承久の乱により、幕府権力の重要な基盤である地頭制は、一挙に西国へ拡大し、幕府支配は文字通り全国的なものとなったのである。

承久の乱は、「東国」が「西国」に勝利した戦いであった。それは、たんに幕府と朝廷の所在地の問題のみから比喩的にいえるだけではなく、東国の武士によって構成された幕府軍が西国の武士に依存した朝廷軍に勝利したという、文字通りの意味においてのものである。本郷和人氏は、乱を契機として朝廷が武力を放棄して強制力の主要な一部分を喪失し、幕府へ依存するようになったと説く（「承久の乱の史的位置」）。遠く将門の乱より鎌倉幕府成立にいたるまでの歴史を顧みた時、承久の乱は、東国の武士集団の最終的勝利に位置づけられるものといえよう。見方によっては、東国武士の政権たる鎌倉幕府が最終的に確立したのは一二二一年（承久三）であるという評価も不可能ではないほど、承久の乱の画期的意味は大きいものとなった。

政子の死

そして、この承久の乱を幕府の勝利に導く上で、北条政子がきわめて重要な役割を演じたことにより、将軍中心の体制から北条氏中心の体制へ、という幕府政治の移行は一挙に加速されることとなった。

晩年の政子は、弟である二代執権北条義時とともに、執権を中心とする政治体制を固めることに力をそそぐ。

一二二四年（元仁元）に義時が急死し、執権職の跡継ぎをめぐって、義時の子泰時とその異母弟政《まさ》村《むら》との間で確執が生じた。北条義時の後妻で政村を生んだ女性の一族である伊賀氏が、政村をおしたて、幕府政治の主導権を握ろうとする動きを見せたのである。政子はただちに行動に移り、事態を収拾したのち、泰時を新たな執権、その叔父時房を執権の補佐役である連署《れんしょ》に任じることを命じる。「連署」とは、幕府の発する文書に執権とともに署名することから生まれた名称である。執権北条氏を中心とする幕府の政治体制が確立した時代に、北条氏内部での争いが起こることが幕府政治の新たな不安定要因となることを政子は鋭く感知し、北条氏一族内部の秩序を整備することで、執権政治の体制の基礎固めを行なったといえるだろう。

その翌年の一二二五年（嘉禄《かろく》元）七月十一日、政子は六十九歳の生涯を閉じる。

政子が亡くなると、晩年の政子の指示にそって、執権泰時および正式に連署となった時房を中心に、御家人の合議にもとづく幕府政治機構の整備が次々に進められていく。同じ年、北条氏一門をはじめとする有力御家人や実務官僚が評定衆《ひょうじょうしゅう》に任ぜられ、執権・連署とともに合議によって政治の決定や裁判の判決にあたる体制が確立する。

御成敗式目

一二三二年（貞永元《じょうえい》）、泰時は、裁判において評定衆が行なう判断の基準として、道理《どうり》とよばれた武家固有の慣行や頼朝以来の先例の蓄積をもとに、御成敗式目《ごせいばいしきもく》（貞永式目）を制定した。御成敗式目は、御家人相互あるいは御家人と荘園領主の間で生じた訴訟を公平にさばく理非の基準を明記したもので、武家が独自に定めた最初の法典である。

御成敗式目は、本来御家人社会のみを適用範囲としており、公家法や荘園領主（本所）法の適用範囲が別個に存在していた。しかし、時代の経過とともに、御成敗式目の法規範は、幕府の訴訟裁定に期待するさまざまな階層・身分の人々の訴訟行為に大きな影響を与えるようになっていった（上杉「鎌倉幕府法の効力について」）。

頼朝の政治的達成を基に、頼朝の死後、その妻政子の政治活動を媒介として、幕府の実権は北条氏の手に移っていった。かつての東国の反逆者平将門の後裔《こうえい》たちは、約三百年の時を経て、みずからの法を持つほどに成熟した政権を、東国の地に作りあげたのである。

終　章　鎌倉幕府観はどう変化したか

一　中世・近世の鎌倉幕府観

平安時代中期の東国における武士の動向から執権政治の成立までの時期を叙述対象として、鎌倉幕府成立の前提と経緯について書きすすめてきた本書の結びにあたって、源頼朝が鎌倉幕府を開いたことの歴史的意義について、これまでにどのような見解が存在し、どのような評価が与えられ、いかなる議論が展開されてきたのかを概観し、その問題点を論じることとしたい。

鎌倉幕府成立の意義を論じる視角

従来、鎌倉幕府の成立の意義を論じるにあたって、政治家源頼朝個人に焦点をあて、その特質を論じることが多くなされてきた。戦後の文献だけを見ても、古くは永原慶二氏の『源頼朝』、比較的最近では山本幸司氏の『源頼朝の精神史』や関幸彦氏の『源頼朝――鎌倉殿誕生』など、いわゆる源頼朝論の形で鎌倉幕府成立論を叙述する成果は多い。

「冷酷」「狡猾《こうかつ》」「二面性」「自己矛盾」などの語をもって表現されることの多い、複雑で陰影に富んだ頼朝という一個の人格に、著者もまた格別の興味を持っているが、ここではあえて、頼朝の人間性の問題を直接に問題とすることはせず、頼朝の軍事行動・政治行動の結果として、日本史上に「国制の中に公的に位置づけられた、源氏の武家棟梁が率いる東国武士団を中核とした朝敵追討のための軍事システム」（第五章で用いた表現）が登場したという客観的事実が、日本史における画期としてどのような意味を持ったのか、という形で問題を立ててみたい。

日本史における鎌倉幕府成立の意義をめぐる議論は、それ自体に長い歴史がある。歴史事象の認識に、それを行なう者の価値観が影響を与えることは、いまさら指摘するまでもないと思うが、鎌倉幕府成立の評価の問題には、とくにそのことが強く表われている。そして、鎌倉幕府の評価の変遷は、現代社会にまでつながる日本人の歴史認識の問題として、大変重要な意味を持っているのである。

まず、前近代における鎌倉幕府観について素描を試みたい。

鎌倉幕府の支配層の立場にある者たちが、鎌倉幕府成立の意義と鎌倉幕府の存在理由をどのように考えていたかという問題は、いまさら論じるまでもない自明のことといえるかもしれない。ただ、一応の確認を試みるならば、幕府みずからが編纂した幕府の歴史を語る書『吾妻鏡』の叙述の起点の位置に、天皇の一族である以仁王が東国にいる頼朝に対して発した「朝敵」平氏追討を命じる令旨が置かれたこと、あるいは、第六章で述べた承久の乱における北条政子の「演説」の内容などを見れば、鎌倉幕府は、朝廷のために「朝敵」を打ち滅ぼすための武士集団であり、それが東国を拠点として生まれたことによって「新しい時代」が切り開かれたという自負が、幕府支配層に共有されていたことは指摘できるだろう。

慈円『愚管抄』の歴史観

一方、鎌倉時代の公家政権側の人々は、どのように考えていたのであろうか。これも一言で語れる問題ではないが、留意したいのは、内乱の経過を表面的に観察した場合に、武士に対する敗者の集団のようにしか見えかねない公家社会の人々の間に、鎌倉幕府に対する肯定的評価・否定的評価の両様の立場が見られた点である。

たとえば、慈円の史書『愚管抄』に、保元の乱以後「ムサ（武者）ノ世」が到来したという歴史観が見られることは本書の中ですでに述べたが、彼はそのことを否定的に見ていたのであろうか。

摂関家出身の彼にとって、世の中が武士の時代となることは、そのまま公家の没落と感じられたはずであり、末法思想の意識も加わって、世の推移を嘆く感情を抱いていたとしても不思議ではない。しかし実は、鎌倉幕府が確立した時代を生きた彼は、『愚管抄』の中で、「文」をつかさどる摂関家と「武」をつかさどる幕府が、あいならんで天皇家を支えるという国のあり方自体を、ほぼ肯定的に述べているのである。

現状をそのまま受け入れた認識という側面もあるが、いわゆる親幕派公卿の代表とされる九条兼実の弟である彼は、鎌倉幕府を組み込んだ国家のあり方を否定する行動に出た後鳥羽上皇に批判的であり、幕府の存在をかなりの程度肯定していたと見てよいだろう。

類似の事例として、承久の乱の頃、朝廷と幕府の連絡役ともいうべき関東申次《かんとうもうしつぎ》をつとめていた西園寺公経《さいおんじきんつね》は、鎌倉幕府体制を打倒せんとする後鳥羽上皇の試みに反対し、乱勃発時には、上皇によって長子実氏《さねうじ》とともに拘禁されている。

幕府との政治的結びつきを持つ公家が、日本国における幕府の存在を肯定的に評価したことは、当然といえば当然のことであろう。

もちろん、鎌倉時代の公家の中に、幕府成立という出来事を否定的に見る考えはあった。葉室定嗣《はむろさだつぐ》という貴族の日記『葉黄記《ようこうき》』寛元《かんげん》五年（一二四七）二月二十八日条に見える、朝廷における年号改元をめぐる公家たちの議論の中に、提案された新年号案の一つである「宝治《ほうじ》」に対し、同じ「治」の字を有する「文治」年間に、源頼朝が「日本国地頭」を得たことが「世の衰えの始め」であったとして反対する意見が見える。幕府成立によって世の中が悪い方向に向かったとする意見の表明である。

ところが興味深いことに、同日の日記の記事を見ると、この意見に対して「治承以降は、元暦天下騒乱し、頼朝朝敵を討ち、勲功の賞も預かる。しいて後代の難に及ぶべからざるか」という反論が出されているのである。幕府支配層と同じような形で幕府の存在意義を理解し、これを容認する意識が、鎌倉時代中頃の公家社会に存在したことが知られよう。なお、結局この時、新年号は宝治と定められている。

承久の乱の直後に著されたある史書で、平安時代末期以降の歴史を叙述した『六代勝事記《ろくだいしようじき》』（公家の手によるものだが、著者は不詳）に、頼朝を評した次のような記述が見られる。

征夷将軍二位家（＝頼朝）、西海の白波《しらなみ》を平らげ、奥州の緑林《りよくりん》をなびかして後、錦の袴を着て入洛、黄門《こうもん》（＝中納言）・亜相《あしよう》（＝大納言）を経て、羽林大将軍（＝近衛大将）に任ぜり。拝賀の儀式、希代の壮観なり。仏法を起こし、王法をつぎ、一族のおごりをしづめ、万人の愁いをなだめ、不忠のものをしりぞけ、奉公のものをすすめ、あえて親疎を分かず、全く遠近をへだてず。

この記述が、平清盛の一族と奥州藤原氏を滅ぼした後に上洛した頼朝が、右近衛大将に任じられた事実に関連するものであることは、容易に理解されよう。ここでは、頼朝の幕府草創に対し、全面的な称賛の言葉が送られている。この『六代勝事記』の記述は、平家物語のもっとも古い姿を持つ写本とされる『延慶《えんぎよう》本平家物語』の結びの一節にも引かれており、鎌倉時代の社会の中でかなり広く受容された「頼朝」評であったことが推測される。ちなみに「白波」「緑林」は、いずれも盗賊のことを意味する。頼朝を手放しに礼賛したことにより、このようなまったく実態と異なる表現がされていることに、是非とも注目していただきたい。

『六代勝事記』は、その叙述内容より、承久の乱を起こした後鳥羽上皇を糾弾する立場から書かれた史書であると推測されている。武家の支配が強まり、公家の力が衰えたことを愁い悲しむ意識を伴いつつも、承久の乱という出来事を大きな画期として、鎌倉時代の公家社会では、「頼朝の平和」という現実をそのまま容認する意識が大勢を占めるに至ったのではないかと思われる。そして、その意識の裏返しとして、平氏の支配を「悪行」「仏法に背くもの」と断じたり、奥州藤原氏の勢力を盗賊なみに見なしたりする、「史実」とは別次元での、治承・寿永の内乱に対する認識が生まれていたことも重要な点である。

上記のような、頼朝の幕府草創に対する認識は、南北朝時代に入ってから、さらに明瞭となる。一三三九年（暦応《りやくおう》二）から一三四九年（貞和《じようわ》五）の間に、足利方の武将（細川氏の一族か）によって成立した軍記物語『梅松論《ばいしようろん》』は、足利尊氏の政権獲得を偉業として称えることをモチーフとして、承久の乱から室町幕府成立の歴史を叙述した文献である。この『梅松論』の古写本の冒頭には、ヤマトタケルから源頼朝にいたる「朝敵を退治する将軍」の事績を語る部分がある。『梅松論』は足利氏の立場から著された書物であることは古くから指摘されているが、「朝敵」から日本国を守る源氏武士の立場を確立させた鎌倉幕府の存在は、源氏の幕府を継承した室町幕府の立場からは、手放しで称賛すべきものであったろう。

『神皇正統記』の見方

では、反室町幕府の立場にある者は、どうであったろうか。

鎌倉幕府を倒した後醍醐天皇の建てた建武政権で重職を担い、足利尊氏の離反と南北朝分裂後は、主に関東で自ら合戦の場に身を投じた貴族である北畠親房《きたばたけちかふさ》は、一三三九年（北朝＝暦応二、南朝＝延元《えんげん》四）に、常陸国小田城で歴史書『神皇正統記《じんのうしょうとうき》』を執筆した。東国の武士を南朝方に引き入れるためのプロパガンダとして、日本の国の歴史が天皇中心の政治形態を維持しながら推移した「事実」およびその「正統性」を強調した同書は、頼朝の幕府草創をどのように論じているのだろうか。

『神皇正統記』は、頼朝の征夷大将軍により、「天下ノコト東方ノママニ成《ナリ》キ（天下の事は東国の人々の思うがままになってしまった）」と述べている。問題は、天皇中心の政治を絶対的に肯定する親房が、そのことをどう評価しているか、である。親房は、後白河や後鳥羽など天皇家の人間が「頼朝の天下」を「ヤスカラズオボシメシケル（心穏やかではない）」ことを当然としながら、頼朝の得た高い地位は後白河の意思によるものであり、頼朝の政治を継承した義時が人望を失わず誤りを犯していないにもかかわらず、これを追討したことは「上ノ御トガ」と指摘している。すなわち、鎌倉幕府の存在を否定する後鳥羽の行為は誤りであるとして批判しているのである。このような認識に関する限り、親房の意識には、『愚管抄』を著した慈円に近いものがある。

模範的な「天皇の忠臣」というべき親房の言としては、これはかなりきつい糾弾である。さらに彼は、『神皇正統記』の別の個所で、「頼朝ト云《イウ》人モナク、泰時ト云モノナカラマシカバ、日本国ノ人民イカガナリナマシ（頼朝や北条泰時のような人がいなかったら、日本国の人民はどうなっていたことであろうか）」とまで述べている。親房が、鎌倉幕府の存在を必ずしも天皇中心の政治と矛盾したものとはとらえず、幕府の存在意義をきわめて高く評価していたことが知られるだろう。

もちろん、この時代にも、鎌倉幕府成立を忌まわしい出来事とする言説は存在し、南北朝期の公卿二条良基《にじようよしもと》の著と推定される鎌倉時代の歴史を叙述した書『増鏡《ますかがみ》』には、頼朝の諸国総追捕使就任とその家人の地頭職補任について、「日本国の衰ふる初めは、これよりなるべし」と述べている。このように、鎌倉時代同様に、武家の台頭を不快なこととする公家も多くいたにはちがいないだろう。

また、仏教の因果応報思想にもとづき保元年間から暦応年間までの歴史を叙述した『保暦間記《ほうりやくかんき》』には、頼朝の死について「是ヲ老死ト云ヘカラス、偏《ひとえ》ニ平家ノ怨霊也、多ノ人ヲ失給シトソ申ケル」という記述が見られる。いわば、「頼朝の悪業」が糾弾されているわけで、ある意味では清盛以上に凄惨《せいさん》で過酷な所行をくりかえした頼朝を断罪する文献は、これ以外にもいくつか見出しうる。しかしそれらは、頼朝の事績を「寿祝」し、頼朝に滅ぼされた者たちを「鎮魂」するモチーフを持つ多くの文芸作品に比べた時、わずかなものであり、中世文芸において頼朝を断罪する記述は主流の位置を占めることはなかった（佐伯真一「源頼朝と軍記・説話・物語」）。

本書の叙述で明らかなように、朝廷に逆らう者を武力で滅ぼし、荘園・知行国などをめぐる朝廷の既得権を擁護することが頼朝の基本姿勢であった。承久の乱の勃発に際し後鳥羽に反発した貴族も少なくなかったこと、同時代の幕府の存在を絶対的に否定する北畠親房においてすら鎌倉幕府を容認する発想があったことを考えれば、中世の公家社会の中では、鎌倉幕府成立という歴史上の出来事を、おおむね肯定すべきものとしてとらえる感覚が、かなり強固なものとして存在したのではなかろうか。近世に入ると、源頼朝が新しい時代を切り開いたとする感覚は、武士のみならず、寺社・芸能・職人など広範な社会階層の伝承世界に定着し、鎌倉幕府成立の前後で歴史を分ける認識が一般的なものとなる（佐伯氏前掲論文）。

頼朝、尊氏に続く「源氏将軍」の幕府が天下を支配した江戸時代、前代にもまして、新しい世を開いた頼朝の事績が称賛されたことは想像に難くないが、ここでは、「歴史の学問的研究の芽生えた時代」（坂本太郎『修史と史学』）と評価される江戸時代にふさわしく、鎌倉幕府成立の問題を、時代区分の問題として考察した学問的議論が登場したことを紹介したい。

新井白石『読史余論』の見方

それは、新井白石《あらいはくせき》が史論書『読史余論《とくしよろん》』（江戸幕府第六代将軍徳川家宣《いえのぶ》に日本史を講じた際の講義案にあたる書物）の中で展開した議論である。白石は、日本の歴史を、二つの時間軸によって区別する。一つは、「天下の大勢」の時間軸、もう一つは「武家の代」の時間軸である。さらに白石は、江戸幕府成立までの歴史が、「天下の大勢」においては九つの出来事（「九変」）、「武家の代」においては五つの出来事（「五変」）によって時代区分されるとし、頼朝の幕府草創を、「天下の大勢」における六番目の変化、「武家の代」における最初の重要な出来事に位置づける。

天皇の代替わりという一元的な時間軸によってのみ歴史の流れを叙述してきた中世までの史書と異

なり、二つの時間軸の導入によって、日本の歴史を立体的にとらえるこの認識方法は、近代歴史学の時代区分論になじんだ現代の我々にも理解しやすく、白石の先見性は高く評価されよう。白石の理解に従えば、鎌倉幕府成立の意義とは、日本の歴史に「武家の代」をもたらしたものであり、武家が天下の政治をつかさどる歴史の起点となすもの、という明快な答えが得られよう。

むろん、白石の歴史認識は、源氏による政治支配を無条件に肯定し、朱子学《しゆし》の大義名分論的立場から、江戸幕府成立の必然性を歴史の中で弁証しようとしたものであることはまちがいない。しかし、何らかの政治的立場からの理解が、必ずしも歴史認識の客観性を損なうとは限らない。政治思想上の制約の存在にもかかわらず、日本前近代における時代区分論として、白石の議論はかなり高い水準にあるといわねばならず、その議論において、鎌倉幕府の成立の画期性を重視し、「新しい時代」を切り開いたとする評価が明示されたことの意味は重要である。

おそらく現段階においても、多くの歴史教科書や入門的歴史書の記述の中で、鎌倉幕府の成立は、日本中世の開幕という新しい時代の到来の画期に位置づけられ、そう理解している方も多いと思う。誤解を恐れずにいうならば、源頼朝の幕府草創に対する日本人の感覚の底流には、中世から近世にかけて形成された通念が、いまでも根強く残っているのではないだろうか。

だが、時代区分としての古代と中世の性格の相違について、厳密に理解しようとする歴史学の議論においては、ことはそう単純ではない。鎌倉幕府の成立を、そのまま日本における中世という時代の成立に置き換えることには、学問的見地からは、実は意外に多くの問題点が生じるのである。何らかの事象をめぐって、時に一般常識と学問的常識が乖離《かいり》することがあるが、鎌倉幕府成立論もまたその一例になったことを、以下論じてみたい。

二　近代歴史学の鎌倉幕府観

いわゆる近代歴史学の手法がヨーロッパから導入された明治時代に、鎌倉幕府の成立に関する議論がどのような展開を見せたのだろうか。

永原慶二氏によれば、江戸時代末期、大義名分論の立場が強調されることで、頼朝の朝廷権力簒奪《さんだつ》非難の論議が高まり、明治時代になると、頼朝は皇室に対して反逆者であったか、あるいは恭順《きょうじゅん》の姿勢を維持したかといった問題のみが議論され、重野安繹《しげのやすつぐ》や大森金五郎といったすぐれた実証史家の研究においても、頼朝の朝廷への忠誠心や「勤皇の士」としての頼朝の姿が強調されるに留まっていたという（『源頼朝』）。

そのような状況の中で、新井白石の業績に先駆的に表われていた時代区分論の方法を用い、幕府を論じた原勝郎《はらかつろう》の仕事は重要な位置にある。

原は、ヨーロッパの歴史学の方法を学び、はじめて学問上の概念としての「中世」を日本史に見出した人物である。一九〇六年（明治三十九）に発表した著作『日本中世史』の中で原は、ゲルマン民族によるローマ帝国支配の解体という、ヨーロッパにおける古代から中世への移行の歴史に対応する出来事として、日本における律令国家から武家政権への移行をとらえる。そして、平安時代末期の武士階級（特に東国武士）を「中世」という時代の開拓者ととらえ、中国からの影響が強いそれまでの日本に、「健全」な国民文化をもたらしたとして、その功績を高く評価する。

「退廃」した藤原氏以下平安貴族の支配にかわって、新興勢力としての武士が勃興することにより古代から中世への時代が進む過程を、日本史上の一大進歩の歴史と把握する原の歴史観は、当時高揚の見られたナショナリズムの思潮と深く結びつくものであった。

原は、以上のような認識をふまえ、保元・平時の乱後の平氏の興隆を「一の革命」とまで述べている。では東国武士の政権である鎌倉幕府の成立を、原はいかに評価しているのだろうか。実は、『日本中世史』の中で、鎌倉幕府の成立という出来事は、必ずしも大きな画期とは位置づけられていない。原は次のようにいう（引用は東洋文庫版より。一部表記を改めた）。

然らば此新幕府の性質は如何なるものなりしか。精密に之を論ずれば、中央政府なる語は、此幕府草創の際には適用せらるべきものにあらず。鎌倉の幕府は承久の乱前後に於いて大に其性質を異にするものにして、幕府なるものは素と其名の示すが如く、一武将の帳内のみ（中略）新に鎌倉に政府を開きて以て全く京都に代らむことは、鎌倉開府の旨趣にはあらざるなり（一四六―一四七頁)。

原によれば、成立したばかりの幕府は、朝廷にとってかわるものではなく、ましてや「中央政府」とはいえず、承久の乱にいたってようやくそのような幕府の性格が大きく変化するのだという。頼朝の幕府草創それ自体は、長期的な変革過程の一段階としてのみ位置づけられている観がある。

近代日本が、多くの分野でヨーロッパの影響を強く受けたことはいうまでもないが、とくに歴史学の場合それが顕著であり、近代ヨーロッパ（特にドイツ）の歴史学の影響の下に、時代区分論にもとづく「進歩」の概念を日本史学に持ち込んだ原の以上のような指摘は、後世に大きな影響を与え、日本中世史研究の出発点の位置に置かれたといって過言ではない。

一九二八年（昭和三）に発表された、戦前のスタンダードな鎌倉時代史叙述の代表的著作というべき龍粛《りようすすむ》の『鎌倉時代史』においても、平安末期の国家の危機を武士が「救済」したとする歴史観が表われており、一方で、幕府政治の基礎の確立は承久の乱においてであるとするなど、原勝郎の理解に近い指摘が見られる。社会の変革者として武士をとらえる一方で、頼朝によって実現した鎌倉幕府成立自体を、その変革の起点や終点の位置に置かない理解の仕方が、近代歴史学の議論が持つ特徴の一つといってよいのではないだろうか。

マルクス主義歴史学の鎌倉幕府論

近代歴史学の成果を土壌として、昭和期の日本史学にきわめて大きなインパクトを与えたマルクス主義歴史学は、周知の通り、歴史の発展段階論を学説の根幹に有している。古代から中世への移行の問題に関していえば、奴隷制に依拠した古代国家が農奴制を基礎とする中世国家にとって替わられる過程を、普遍的な歴史の進歩と見ることが、マルクス主義歴史学の理論的枠組みとなっている。

近代歴史学の議論の中に表われた、古代から中世への時代の牽引車《けんいん》として武士階級を重視する見解は、そのまま日本のマルクス主義歴史学の議論に影響を与え、武士（典型は東国武士）を階級的に規定し直した概念である「在地領主」が、社会を古代から中世へと「進歩」させる上で重要な役割を果たしたとする学説が生み出される。一般に、在地領主制論（あるいはたんに領主制論）と呼ばれるこの学説が、マルクス主義歴史学の立場からの鎌倉幕府論の前提となった。

治承・寿永の内乱およびその結果としての鎌倉幕府成立の意義を、発展段階論的アプローチから究明しようとする近代歴史学の方法には、それなりの前提があった。たとえば、反平氏の挙兵をした諸国の源氏武士の名を列挙した『平家物語』「源氏揃」における次のような記述は、その一つにあげられるのではないか（引用は延慶本第二中より。一部表記を改めた）。

大衆《だいしゅ》ヲモ防ギ、凶徒ヲモ退ケ、朝賞ニ預リ、宿望《しゅくもう》ヲモ遂シ事ハ、源平両氏勝劣無カリシカ共、当時ハ雲泥交リヲ隔テ、主従ノ礼ヨリモ甚シ。纔《わずか》ニ甲斐無キ命ヲ生タレドモ、国々ノ民百姓ト成テ、所々ニ隠居タリ。国ニハ目代ニ随ヒ、庄ニハ預所ニ仕、公事雑役ニ駈リ立ラレテ、夜モ昼モ安キ事無シ。

ここには、平氏の世の到来とともに不遇な立場に追い込まれた諸国の源氏武士の悲惨な状況が描かれており、それが彼らの平氏打倒の基本動機とされている。

なるほど、この文中における「国ニハ目代ニ随ヒ、庄ニハ預所ニ仕、公事雑役ニ駈リ立ラレテ……」という表現には、国司・荘園領主といった公家階級と源氏の間の抑圧・被抑圧関係、あるいは平氏と源氏の間の抑圧・被抑圧関係の存在を示唆《しさ》する響きが感じられる。このような叙述のイメージから、被抑圧階級の抵抗運動として治承・寿永の内乱を見る視角が生まれたことは否定できないだろう。

確かに、全体的に見れば平氏武士と源氏武士の境遇の違いは無視できないが、すべての源氏武士がこのような境遇にあったかのようにとれる『平家物語』のこの記述は、源平の対比を鋭く描き、平氏の没落と源氏の世の到来という「歴史の逆転」の凄《すご》みを際立たせるための誇張であるといわねばならない。このような叙述姿勢は、『平家物語』のほぼ全体を貫くものである。

古代から中世へと時代を発展させる変革主体としての「武士」を見出した近代歴史学の方法に、社会一般にもなじみ深い『平家物語』の歴史観が融合した結果、変革者としてもっともふさわしい姿が源氏武士団に求められたのではないか。しかし現実には、源氏武士団を率いて内乱に勝利した頼朝の「政治」は、旧体制に対してきわめて強い保守性を示していた。このような論理と史実のギャップが、近代歴史学の議論において、歴史的画期としての鎌倉幕府成立の評価を、いささか歯切れの悪いものにしていたのではないだろうか。

三　戦後歴史学の鎌倉幕府観と新たな議論の展開

戦前のマルクス主義歴史学においては、国家成立の理論的解明に直接関わる古代国家論や、日本の革命戦略と不可分の関係にある近代国家論が重視され、鎌倉幕府権力の特質を論議の対象とする中世国家論はほとんど見られなかった。だが、戦前の皇国史観への反省をふまえ、国家論の重要性が叫ばれた戦後の研究において、いわゆる領主制論者の発言を契機として、ようやく本格的議論が開始されることとなった。

「国家権力の諸段階」を共通論題とした一九五〇年歴史学研究会大会で、在地領主制論を主導した研究者の一人である永原慶二氏は、「日本における封建国家の形態」と題した報告の中で、鎌倉幕府を日本における封建国家の最初の形態とし、その特質の一つに、同時代に並存した「古代的な公家政権」に対する妥協的性格を指摘する。そして、鎌倉幕府成立後の日本の国家構造は、古代的国家とそれに協調的な中世国家の複合と結論づける。永原氏の議論は、鎌倉幕府の性格を国家論レベルで本格的に論じた最初の業績といえるが、古代から中世への「進歩」の過程における鎌倉幕府成立の意義を、結果的には必ずしも大きくとらえないものになっているといえよう。

永原報告に理論的前提を与えた石母田正《いしもだしょう》の同大会報告は、鎌倉幕府の性格を「古代的」と明言し（「封建国家に関する理論的諸問題」）、彼の代表的著作の一つ『中世的世界の形成』の中では、古代権力の打倒者として期待される頼朝が、その期待を裏切る様が、ある種の「失望」とともに語られている（第三章「源俊方」第三節）。

その後の日本中世国家論は、永原氏に代表される領主制論的アプローチからの学説への批判を通して新たな展開を見せる。そのような批判の背景には、鎌倉幕府論をはじめとする国家構造論レベルの議論を展開する時、マルクス主義歴史学の発展段階論を支える社会経済史的アプローチのみからの分析には、一定の限定があるという反省があった。また、前節の最後で触れたことと関連して、新しい時代を代表する階級（＝源氏の武士）が古い時代を代表する階級（貴族・平氏の武士）を打倒する過程として治承・寿永の内乱や鎌倉幕府成立の過程を説明する方法に対する、歴史の事実認識からの疑問もあった。

権門体制論の登場とその後の諸学説

一九六三年に発表された論文「日本中世の国家と天皇」の中で、黒田俊雄は、政務儀礼をつかさどる権門勢家《けんもんせいけ》＝公家、軍事を司る権門勢家＝武家、宗教をつかさどる権門勢家＝寺家が、相互補完的に複合して日本中世国家の構造を成立させたとする権門体制論を唱える。権門体制論は、武士の動向を中心として日本における古代から中世への移行を説明する領主制論へのアンチテーゼとして示されたものであった。

黒田の権門体制論においては、平安時代後期の院政期が、権門体制の第一段階と位置づけられ、鎌倉幕府の成立は、その第二段階の始期に位置づけられる。従って、当然のことながら、鎌倉幕府成立より以前に日本の中世国家は成立したとされることになり、鎌倉幕府成立は、戦前の学説にも見られたように、日本中世国家の歴史の中の一つの段階に位置づけられるのである。

権門体制論自体には多くの批判がなされていくものの、鎌倉幕府の時点より、むしろそれ以前の段階に国家史上の重要な画期を求める理解は、しだいに学界の中で有力視されていくようになった。日本中世の基本的社会構造である荘園公領制の成立が院政期であることや、院政期の朝廷支配のあり方が古代律令国家のそれと大きく変わっていること、平氏の支配のあり方に武家政権としての性格が予想以上に強く表われていることなどが、平安時代史研究における多くの実証的成果によって明らかになったことによるものである。

たとえば、歴史学研究会・日本史研究会の共編による『講座日本史第二巻　封建社会の成立』（一九七〇年）には、院政初期「日本中世社会」の基本的骨組みの形成期と指摘する石井進「院政時代」、鎌倉幕府の成立を画期的な出来事としつつも「律令制の解体の中から成立してきた諸権門が、国家公権を分割しつつ、それぞれの家産的支配をつくりあげてきた一連の経過のひとつ」とする工藤敬一「鎌倉幕府と公家政権」の二論文が収められている。また、院権力の特質の分析から保元の乱後に日本中世国家が成立したと結論づける五味文彦「院支配権の一考察」（一九七五年）、王権の支配構造や法制度の分析から院政期に日本中世国家の枠組みが成立したとする棚橋光男「中世国家の成立」（一九八四年）といった論文が発表されている。

また、一九八四年に発表された佐藤進一氏の著作『日本の中世国家』では、官司請負制《かんしうけおい》（律令官職の職務遂行が特定の貴族家に独占され、経済基盤として世襲される体制）の存在を基本的な判断の目安として、十二世紀前半に成立した王朝国家が中世国家の祖型と規定され、鎌倉幕府は「中世国家の第二の型」と位置づけられる。

もちろん、鎌倉幕府成立を、日本中世の成立を示すものと位置づける学説も存在する。戦後の日本中世国家論の枠組みを最初に提示した永原慶二氏は、鎌倉期を古代国家と中世国家の並存期とする説を改め、平安後期の国家を過渡期国家とした上で、鎌倉幕府の成立を日本中世国家の始期とする説を主張されている（『日本中世の社会と国家』）。

一九七五年に発表された峰岸純夫氏の論文「日本中世社会の構造と国家」は、日本中世国家の第一段階を、院・幕府という二大権門のブロック権力による院・棟梁体制国家と規定しており、黒田俊雄の権門体制論に近い視点を持ちながらも、鎌倉幕府成立を中世国家の歴史の起点に位置づけている。

また、古代律令国家と中世封建国家の間に、王朝国家という独自の国家段階を設定する学説を展開する坂本賞三氏の議論においても、鎌倉幕府の成立は中世国家成立の画期に置かれる（「中世国家の成立」)。

さらに、義江彰夫氏は、五味文彦氏の説に対し、「異質な国家公権の多元的成立の時期、即ち鎌倉幕府と朝廷が併立する時点こそは、保元の乱をこえる中世国家成立の画期と見ることが可能なのではないであろうか」(「書評　五味文彦著『院政期社会の研究』」)と述べている。

以上、読者にとって、難解で、いささか退屈感と混乱を生じさせかねない叙述になったかもしれないが、日本史学の議論の中で、歴史の画期としての鎌倉幕府成立の評価が意外に多様であり、少なくとも古代と中世の画期に位置づけることが自明とはされていない点は、理解していただけたろうか。ここまで堅苦しい学説史の展開を述べてきたのは、「鎌倉幕府が成立したことによって、変わったものは何か・変わらないものは何か」あるいは「鎌倉幕府の成立という出来事が後の歴史のあり方を決定づけたのはどのような点か」といった問題の奥の深さを知っていただきたかったからである。

直感の問題として、鎌倉幕府の成立が日本史上の「大事件」であることに、だれも異論をはさまないだろう。だが、日本史学の学問的論争では、幕府成立以前に中世国家が成立したことが論じられたり、幕府成立後の事件である承久の乱がより重要な画期として位置づけられたりする。日本史研究者同士の精緻《せいち》な議論の重要性を認めつつも、「大事件」であることの意味を明確にし、鎌倉幕府成立の前後の時代の相違を、よりわかりやすく直截《ちょくせつ》に指摘する「学問的」指摘を期待する読者も、あるいは多いのではないだろうか。

鎌倉幕府成立と日本の「好戦性」

ここで、注目すべき主張を紹介したい。入間田宣夫《いるまだのぶお》氏は、一九八四年に発表した論文「守護・地頭と領主制」（歴史学研究会・日本史研究会編『講座日本歴史三　中世二』）の中で、鎌倉幕府の成立をめぐる議論の前提のあり方に、次のような疑問を提示している。

鎌倉幕府とはなにか。日本の中世社会にとって幕府は、どうしてもなくてはならない存在だったのであろうか。日本における領主制発展の唯一のコース、その必然的帰結として、鎌倉幕府の守護・地頭制度を位置づけてきた、これまでのすべての研究には、なにかしら重大な欠陥があったのではないか（九三頁）。

このような疑問から出発し、氏は、初期幕府の奥州侵略・守護地頭制度・東国武士の戦闘的行動様式などの分析を行ない、たとえば守護地頭制に関して「東国武士団による軍事占領と東西交渉の灼熱《しゃくねつ》のなかから生み出された守護・地頭の制度はあまりにもユニークな存在であった。それは古代末期の諸制度の継承と連続というよりは、否定と断絶の産物であった」（一〇二―一〇三頁）と指摘した上で、鎌倉幕府＝東国武士団の政権について次のように説く。

さまざまな可能性を圧殺することによって成立した東国武士団の政権は、日本の中世国家にたいして、きわめて大きな偏りと翳《かげ》りとをもたらすこととなった。武人政権の誕生が日本の歴史に及ぼした否定的影響はかぎりなく大きい。文よりも武を尊ぶこの国の気風が近代にいたるまでも払《ふっ》拭《しょく》されきれず、あの侵略戦争の触媒《しょくばい》となり、今日においてもまた甦《よみがえ》りの気配のあるを見よ（一二二頁）。

このように入間田氏は、鎌倉幕府成立の意味を、その後の日本の「好戦性」を決定づけた点に求める。そして幕府の否定的評価を徹底させた結果、幕府成立の画期性の大きさが、近代以降のいかなる時代区分論にもまして強調されることとなったのである。

入間田説のユニークさは、治承・寿永の内乱の帰結としての鎌倉幕府成立を、それ以前の歴史的前提といったん切り離し、ある種の「偶然の出来事」ととらえたところにある。本書第四章の中でしばしば言及した川合康氏も、入間田説に触発されつつ、鎌倉幕府の成立は「全国的内乱の予期せぬ結末だったのである」（『源平合戦の虚像を剥ぐ』）と述べている。

鎌倉幕府の成立をどのように見るか

以上のような入間田氏や川合氏の発言まで出された現在、鎌倉幕府成立の意義に関する見解は、あらかた出尽くした感があり、議論もいささか下火になったようである。まして非力な著者には、何か意味のある発言を行なうことはむずかしいが、やはり私見を述べないわけにはいかないだろう。

石井進氏は、はからずも遺著となった『中世のかたち』の中で、日本の中世という時代の特徴を、次の五点にまとめている。

①政治権力が分散化した時代

②軍事専門家層が優越した時代
③「人間の鎖」の網の目が全体をおおう時代
④一つの土地の上に権利の重層的な姿があらわれた時代
⑤仏教を中心とする宗教の時代

かりに中世という時代の始期と終期に関する意見が分かれたとしても、基本認識としてのこのまとめ方に大きな異論は生じないだろう。問題は、これらの諸点が鎌倉幕府の成立によってはじめて日本社会に生じた現象といえるのか、である。

②は、いわゆる武士の台頭に相当するものであるから、すでに平安時代後期に見られることであり、③も、武士社会に典型的に見られる主従制的人間関係を含む問題であるから同様である（「人間の鎖」が、主従制的関係だけでなく、より多様な人間関係を含む表現であることには注意）。

④は、「職《しき》」と表現される、一つの土地の上に複数存在する権利関係のことをあらわしており、具体的には、荘園公領制の土地支配の特質を示したものである。荘園公領制の始期をめぐって細かい点で学説は分かれているが、鎌倉幕府が成立した以前の白河・鳥羽院政期頃に成立したものであることは、おおむね共通認識となっている。

⑤のような社会と宗教にかかわる論点は、とりあえず鎌倉幕府成立のような短期間の政治変動とは切り離しておいてよいだろう（むろん、密接な関わりはあるが）。

問題となるのは①である。確かに、東国に幕府が成立したことは、政治権力の分散化を明白に示す重大な出来事である。しかし、政治権力の分散化という現象自体は、公家権門・寺家権門が、荘園公領制を経済基盤として一定の自立支配を実現し、平氏の軍事支配が国家の制度の中で重要な役割を持つにいたった平安時代末期に、すでに出現しているものであった。しばしば平氏の権力が朝廷権力と癒着《ゆちゃく》している点が強調されるが、一定の距離を置きながら、頼朝もまた朝廷政治と深く関わっている。

著者自身は、荘園公領制と国家守護権を保持した主従制的武士集団（平氏・鎌倉幕府・室町幕府）が存在する時期を中世国家の存続期ととらえ、その意味で、中世国家の歴史の始期を、鎌倉幕府成立ではなく、院政期（より狭く規定するとすれば保元の乱の前後）とする学説に与《くみ》する。再三述べるように、鎌倉幕府とは「国制の中に公的に位置づけられた、源氏の武家棟梁が率いる東国武士団を中核とした朝敵追討のための軍事システム」であるが、後白河院政期に「国制の中に公的に位置づけられた、特殊な武士集団（＝平氏一門と平氏家人の集団）を中核とした朝敵追討のための軍事システム」は成立していた。

中世国家の軍事システムの担い手が西国の平氏から東国の平氏へ移行したことは、きわめて大きな事件であり、後世の歴史へ強い影響をあたえたものである。しかし、この事実を、「進歩」や「発展」の尺度から測ることには無理があろう。「東国」が「西国」より「進歩」しているなどとは単純にはいえないからである。その意味で著者は、「古代から中世へ」のような世界史規模で一定の普遍性を持つ時代区分の問題とは別次元で、鎌倉幕府成立の意味を、わかりやすく、かつ鋭く指摘した、前述の入間田宣夫氏の主張に、大いに共感をおぼえるものである。

頼朝の鎌倉幕府草創にいたる歴史の見方には、他の歴史的事件にもまして、時々の社会状況と思想状況が鋭く反映している。もちろん、それは現在も変わらない。鎌倉幕府の問題によせて、日本の「好戦性」の復活に警鐘を鳴らした入間田氏の発言は約二十年前のものであるが、軍事面で圧倒的優位に立つ国家権力が、「秩序と平和の維持」を名目に（前近代ならばさしずめ「朝敵の追討」に相当しよう）、自由気ままに他者に攻撃を仕掛けて滅ぼそうとする動きが、あたかも「正義」「進歩」のような語を持って評される現在において、さらに切実な発言に思えるのは著者だけではなかろう。

ただし、著者なりに、若干付け加えたいことはある。鎌倉幕府成立がその後の歴史の流れを決定づけ、否定的影響を与えた責任を、頼朝とその家人となった東国武士団の所行のみに帰する認識は、それ自体一面的であろう。本書の叙述の中で述べてきた、古代以来の「東国」の特殊な地位、頼朝の政治を継承し発展させた北条氏たち鎌倉幕府の要人、頼朝の政治的達成を称賛し支持した多くの中世の公家たち、源氏将軍頼朝の正統な後継者として幕府をつくりあげた足利氏・徳川氏、などなど日本史上の他のさまざまな要素を無視できないと考えるからである。近代日本国家の侵略的性格が、近代歴史学の頼朝認識とどこまで具体的にリンクするのか……これもまた、いぜん未解決の問題であると思われる。入間田氏も決して否定しないであろうが、頼朝の作り出した歴史的前提を、取捨選択し利用したのは、あくまで後世の人々の主体的行動なのだから。

多くの歴史事象と同じく、鎌倉幕府の成立という出来事に偶然の要素が多く伴っていたことは間違いない。頼朝という人格が歴史の舞台に登場し、彼が志半ばで命を落とさなかったことなどは、偶然といえば偶然である。しかし逆に、偶然性の要素のみを重視し、鎌倉幕府成立という出来事が持つ、その前後の歴史との「否定と断絶」の側面だけを重視することには、疑問を感じる。

多少なりとも関連史料にふれた者ならば誰しもわかることであり、ことさら述べるのも気が引けるが、鎌倉幕府を生み出した歴史的前提は厳然として存在しており、鎌倉幕府が成立したことの蓋然性《がいぜん》（必然性ではなく）は、その前史、すなわち具体的には平安時代の歴史に十分に求めることが可能である。そして、鎌倉幕府が長期政権として存在しえた事実もまた、幕府を産み落とした社会背景と無関係ではないだろう。中世の日本で幕府という「武人政権」が成立した一方で、隣の朝鮮半島では「武人政権」が定着せず、十三世紀頃に文人が絶対的優位に立つ国家が成立していたという、日本史と朝鮮史の分岐の問題（村井章介『中世日本の内と外』）も興味深いところである。

本書の執筆目的は、以上のような点を著者なりにあらためて確認して示すことにあったのだが、果たして著者の意図は十分に伝えられただろうか。

もちろん、歴史の評価は、史実を無視しては成立しない。読者の皆さんが、鎌倉幕府成立にいたるまでの歴史と源頼朝の成し得たこととの意味を具体的な史実にもとづいて考えるために、本書が多少なりとも参考となれば幸いである。

あとがき

新日本出版社編集部より、源頼朝もしくは鎌倉幕府に関する単行本の執筆依頼を受けたのは、一昨年(二〇〇二)十二月のことであった。まことに光栄なことであり、大学での講義に使える自前の著書があったらなあ、と思い始めた矢先であっただけに、心は大いに動かされた。だが、即座に依頼に応じることにはためらいがあった。

何しろテーマがテーマである。源頼朝論あるいは鎌倉幕府論に関しては、概説書だけでもきわめて多くのすぐれた古典的著作が存在している。また、筆者に比較的近い世代の研究者による、武士論・戦争論・法制度論を中心とした鋭利な鎌倉幕府論の成果もすでに多く発表されている。多少とも鎌倉幕府に関する問題を勉強してきたとはいえ、細々とした研究成果しか発表していない筆者の出る幕はない、としか思えなかった。

だが、鎌倉幕府の成立という出来事を、歴史叙述の終点や起点に置くのではなく、それをはさむ比較的長期の政治過程の中に位置づける方法によって、自分なりの通史を執筆することにも何がしかの意義があると考え直し、このような一書を著した次第である。なお本書は、勤務校(明治大学文学部)

の一・二年生を対象とした二〇〇二年度前期「日本史概説」の講義ノートをもとに、ほぼすべてを書き下ろしたものである。

編集部の志波泰男氏からはあたたかい励ましと多くの助言を得たが、「同業の研究者のことではなく、読者のことだけを考えて書いて下さい」という趣旨の言葉が、もっとも深く身にしみた。とかく学界向けの硬い文章にばかり頼る筆者が、できるだけわかりやすく書いてみたつもりだが、果たしてうまくいっただろうか。いささか不安である。

最後に、本書の執筆に集中するたびに、家事と育児をおろそかにしたことを、家族（研究者仲間で妻でもある古谷紋子と娘の上杉ほのか）に詫びたく思う。この本に免じて、許して下さい。

二〇〇三年四月八日

上杉和彦

参考史料一覧（本文中で言及したもののみを示した）

『将門記』／『陸奥話記』／『前九年合戦絵詞』／『源平盛衰記』／『中右記』／『古今著聞集』／『百練抄』／『後二条師通記』／『権記』／『保元物語』／『平治物語』／『覚一本平家物語』／『延慶本平家物語』／『吾妻鏡』／『玉葉』／『山槐記』／『方丈記』／『義経記』／『雑筆要集』／『源平闘諍録』／『曽我物語』／『御成敗式目』／『葉黄記』／『六代勝事記』／『梅松論』／『神皇正統記』／『増鏡』／『保暦間記』／『読史余論』

参考文献一覧（本文中で言及したものを中心に、主要なものを示した）

網野　善彦『東と西の語る日本の歴史』そしえて文庫　一九八二
石井　進「大宰府機構の変質と鎮西奉行の成立」（『日本中世国家史の研究』第一部第一章）岩波書店　一九七〇
同「院政時代」（歴史学研究会・日本史研究会編『講座日本史第二巻　封建社会の成立』）東京大学出版会　一九七〇
同「平家没官領と鎌倉幕府」（『論集　中世の窓』）吉川弘文館　一九七七
同「相武の武士団」（『鎌倉武士の実像――合戦と暮しのおきて』）平凡社　一九八七
同「吾妻鏡の欠巻と弘長二年の政治的陰謀（？）」（同前）
同『日本の中世一　中世のかたち』中央公論新社　二〇〇二
石母田　正『中世的世界の形成』（『石母田正著作集　第五巻』）岩波書店　一九八八
同「封建国家に関する理論的諸問題」（『石母田正著作集　第八巻』）岩波書店　一九八九
入間田宣夫「守護・地頭と領主制」（歴史学研究会・日本史研究会編『講座日本歴史三　中世一』）東京大学出版会　一九八四
上杉　和彦「国家的収取体制と鎌倉幕府」（『歴史学研究』六五七）一九九四

同　「鎌倉幕府と官職制度」（『日本中世法体系成立史論』）　校倉書房　一九九六
同　「鎌倉幕府法の効力について」（同前）
同　「日本中世の成立と鎌倉幕府の成立」（『歴史評論』五五九）　一九九六
同　「鎌倉幕府の支配と三浦氏」（『三浦一族研究』四）　二〇〇〇
同　「大江広元」（歴史科学協議会編『歴史が動く時』）　青木書店　二〇〇一
同　「鎌倉幕府の座次に関する覚書」（『日本歴史』六四八）　二〇〇二
上横手雅敬　「建久元年の歴史的意義」（『鎌倉時代政治史研究』）　吉川弘文館　一九九一
川合　康　『源平合戦の虚像を剝ぐ——治承・寿永内乱史研究』　講談社選書メチエ　一九九六
川尻　秋生　「古代東国における交通の特質」（『古代交通研究』一一）　二〇〇二
工藤　敬一　「鎌倉幕府の公家政権」（歴史学研究会・日本史研究会編『講座日本史第二巻　封建社会の成立』）
東京大学出版会　一九七〇
黒田　俊雄　「日本中世の国家と天皇」（『黒田俊雄著作集　第一巻』）　法蔵館　一九九四
河内　祥輔　『保元の乱・平治の乱』　吉川弘文館　二〇〇二
五味　文彦　「院支配権の一考察」（『院政期社会の研究』）　山川出版社　一九七五
同　『大系日本の歴史五　鎌倉と京』　小学館　一九八八
同　『大仏再建——中世民衆の熱狂』　講談社選書メチエ　一九九五
同　『増補　吾妻鏡の方法——事実と神話にみる中世』　吉川弘文館　二〇〇〇
五味文彦編　『日本の時代史八　京・鎌倉の王権』　吉川弘文館　二〇〇三

小山　靖憲「古代末期の東国と西国」（『岩波講座日本歴史四　古代四』）　一九七六
佐伯　真一「源頼朝と軍記・説話・物語」（『平家物語遡源』）　若草書房　一九九六
坂井　孝一『曽我物語の史実と虚構』　吉川弘文館　二〇〇〇
坂本　賞三「中世国家の成立」（『古代の地方史　三　畿内編』）　朝倉書店　一九七九
坂本　太郎『修史と史学』（『坂本太郎著作集　第五巻』）　吉川弘文館　一九八九
佐藤　進一『日本の中世国家』　岩波書店　一九八四
　同　　『新版　古文書学入門』　法政大学出版局　一九九七
三田　武繁「文治の守護・地頭問題の基礎的考察」（『史学雑誌』一〇〇―一）　一九九一
下向井龍彦『日本の歴史七　武士の成長と院政』　講談社　二〇〇一
関　　幸彦『武士の誕生――坂東の兵どもの夢』　日本放送出版協会　一九九九
　同　　『源頼朝――鎌倉殿誕生』　ＰＨＰ新書　二〇〇一
棚橋　光男「中世国家の成立」（歴史学研究会・日本史研究会編『講座日本歴史三　中世一』）　東京大学出版会　一九八四
永井　晋『鎌倉幕府の転換点――「吾妻鏡」を読みなおす』　日本放送出版協会　二〇〇〇
永原　慶二「日本における封建国家の形態」（歴史学研究会編『国家権力の諸段階』）　岩波書店　一九五〇
　同　　『源頼朝』　岩波新書　一九五八
　同　　『日本中世の社会と国家』　日本放送出版協会　一九八二
韮山町教育委員会『伊豆韮山円成寺遺跡――御所之内遺跡第十三次調査』　一九九五

野口　実『坂東武士団の成立と発展』弘生書林　一九八二
野村育世『北条政子――尼将軍の時代』吉川弘文館　二〇〇〇
羽下徳彦「以仁王〈令旨〉試考」（『中世日本の政治と史料』）吉川弘文館　一九九五
原　勝郎『日本中世史』（東洋文庫）平凡社　一九六九
本郷和人「承久の乱の史的位置」（『中世朝廷訴訟の研究』）東京大学出版会　一九九五
同「源頼家、修善寺で殺される」（『別冊歴史読本　もののふの都・鎌倉と北条氏』）新人物往来社　一九九九
松尾剛次『中世都市鎌倉の風景』吉川弘文館　一九九三
峰岸純夫「日本中世社会の構造と国家」（『大系日本国家史　第二巻中世』）東京大学出版会　一九七五
宮島新一『肖像画の視線――源頼朝から浮世絵まで』吉川弘文館　一九九六
村井章介『中世日本の内と外』筑摩書房　一九九九
同『北条時宗と蒙古襲来――時代・世界・個人を読む』日本放送出版協会　二〇〇一
元木泰雄『武士の成立』吉川弘文館　一九九四
同「源義朝論」（『古代文化』五四―六）二〇〇二
山村亜紀「中世鎌倉の都市空間構造」（『史林』八〇―二）一九九七
山本幸司『源頼朝の精神史』講談社選書メチエ　一九九八
義江彰夫『鎌倉幕府地頭職成立史の研究』東京大学出版会　一九七八
同「書評　五味文彦著『院政期社会の研究』」（『史学雑誌』九四―一一）一九八五

米倉　迪夫『源頼朝像——沈黙の肖像画』平凡社　一九九五
龍　　粛『鎌倉時代史』雄山閣　一九二八

『源頼朝と鎌倉幕府』を読みなおす

西田友広

本書『源頼朝と鎌倉幕府』は二〇〇三年五月に新日本出版社から刊行された。著者である上杉和彦氏は、明治大学文学部教授に在職中の二〇一八年に五十八歳の若さで逝去されている。

上杉氏は東京大学出身で東京大学史料編纂所への在職経験もあることから、筆者にとっては二つの意味での先輩である。また、鎌倉時代を中心に研究を行われたという点で、学問的にも先輩にあたる。これらの点は、年齢差もあり、いわば「間接的」な関係と言えるが、上杉氏と本書については、直接的な思い出もあり、ここに記すことをお許しいただきたい。

上杉氏と直に接する機会となったのは、東京大学教養学部におられた義江彰夫先生の退職記念論集作成の企画であり、二〇〇三年五月に、駒場キャンパスの義江先生の研究室でお会いしたのが初めてであったと記憶している。上杉氏は義江先生が一九八四年から開始された文学部の大学院でのゼミの最初期の受講生、筆者は二〇〇三年当時、博士課程三年目で最年少世代の受講生ということで、論集の編集にあたることになった。この最初の打合せの時に上杉氏から頂いたのが、刊行されたばかりの『源頼朝と鎌倉幕府』であった。少しはにかんだような笑顔で、「(学部生向けに書いたので)君に読んでもらうようなものではないのだけれど」との謙遜の言葉を添えて渡してくださったことを、今でも覚えている。こうした思い出のある本書が、二十年近い時を経て、義江先生の退職記念論集と同じく吉川弘文館から再刊されるということには感慨深いものがある。

＊

本書は終章を含めて全七章からなるが、その特徴は鎌倉幕府の成立に帰結する源頼朝の挙兵に先立つ平安時代・院政期の叙述に二章を充てていることである。源頼朝や鎌倉幕府の成立を叙述する一般向け書籍は、本書以前にも数多く刊行されている。しかしそれらの中には通史シリーズの一冊として刊行されたものも多く、これだけの長い期間を一冊で扱った書籍はそれほど多くはない。そうした意味では、本書は山路愛山『源頼朝』(玄黄社、一九〇九年。平凡社の東洋文庫として一九八七年に再刊)に並ぶ書籍と言うことも可能であろう。

本書がこうした構成をとった狙いは「はじめに」に記されているように「鎌倉幕府成立という出来事を、日本における古代から中世への政治社会の移行過程に位置づけて把握」しようとしたためである。また、これに際しては「古代以来の東国と源氏武士団の結びつきという歴史的背景が、さまざまな政治情勢と結びつくことで鎌倉幕府成立にいたる過程」を「頼朝の事績や公武交渉の経過から説明するのではなく、主に東国の在地武士団がくりひろげた自己の権益を維持発展させるための闘争の結果として」説明することが重視された。こうした視点の背景には、鎌倉幕府を「東国の武士が東国に樹立した政権」とし、「その本質の理解には、東国という地域の特質の認識が欠かせない」という考えがあった（一一頁）。

第一章では、東国が古代以来、朝廷にとって異質な存在であり続けたこと、武士身分の成立に大きな意義を持った平将門《たいらのまさかど》の乱が、「東国武士による独立を目指した反乱」として人々に記憶されたこと、平忠常《ただつね》の乱をきっかけに河内源氏《かわちげんじ》と鎌倉との結びつきが生じること、さらに前九年・後三年の合戦を経て、河内源氏が東国において他の武士団に抜きんでる地位の基礎を固めたことが示される。

第二章では、一二世紀に入ると河内源氏は一族の不祥事や内紛で弱体化し、源為義《みなもとのためよし》の時代には河内源氏と東国との関係がかなり希薄化すること、これを再び強化したのが源義朝《よしとも》であること、平治の乱の結果、河内源氏が政治の表舞台から完全に姿を消し、東国の武士たちは生命と所領の保全のために平氏と主従関係を結んだことが示される。

第三章では、頼朝の挙兵が、以仁王《もちひとおう》の令旨《りょうじ》に応じたというよりは、以仁王の蜂起が失敗したことにより、自身に身の危険が及んできたためであったこと、北条・三浦・千葉・上総《かずさ》などの東国武士は自らが直面する他の武士団との競合の中で、自らにとって有利となる権威・旗印として頼朝を選んだこと、その選択に際して先祖と河内源氏との関係が言及され再確認されたことが示される。

第四章では、奥州合戦に至る政治過程が叙述されるとともに、侍所《さむらいどころ》設置を幕府権力としての最低限の体制を整えた「関東小幕府」の成立と見る評価、平氏による惣官《そうかん》・総下司《そうげし》設置を武士による広域行政区域を対象とした軍政公権の樹立として鎌倉幕府体制の前提として重視する評価、寿永二年（一一八三）十月宣旨を清和源氏の棟梁に統率された特定の武装集団に東国支配の多くを委ねることを国家のしくみとして完成させたものとする評価、文治勅許を頼朝が積み重ねた既成事実の追認とする一方で文治元年（一一八五）を一つの画期とする評価、頼朝は朝廷との協調路線をとることで、西国への性急な進出を避け、生まれたばかりの幕府権力を安定させようとしていたとの評価などが示される。

第五章では、建久元年（一一九〇）の頼朝上洛以降の幕府体制の確立過程が叙述され、頼朝は朝廷の官職制度を利用することで御家人《ごけにん》に恩賞を与える一方、成功《じょうごう》によって御家人の任官が朝廷財政にも寄与する仕組みを整えたこと、建久新制によって幕府が国家的軍事警察権を公的に保持した唯一の武士集団として認定されたこと、現実に存在する御家人間の格差を身分序列としていかに統制するかに頼朝が腐心したこと、幕府は朝廷とともに経済基盤としていた荘園公領制秩序を維持する役割を果たしたこと、幕府は「東国武士集団の結集」により「東国の支配権」を基礎として全国的軍事支配の制度的完成を達成したことが示される。この第五章は、上杉氏が論文で明らかにした成果が最も反映された部分と言えよう。

第六章では、頼朝没後の幕府政治の展開過程が、頼朝の妻政子の動向を中心に、将軍中心の体制から北条氏中心の体制に移行する過程として描かれ、承久の乱は東国の武士によって構成された幕府軍が西国の武士に依存した朝廷軍に勝利したものであり、東国武士集団の最終的勝利であったと評価される。

終章では、頼朝による鎌倉幕府成立の歴史的意義の評価のあり方の変遷が整理されるとともに、鎌倉幕府の成立の蓋然性は平安時代以来の歴史の中に存在しており、鎌倉幕府が長期政権として存続した理由も、幕府を生み出した社会的背景の中に存在するという上杉氏の評価が確認される。

なお、本書には、その後の研究の進展により、修正しなければならない点も存在している。それは、頼朝の征夷大将軍就任に関する記述である。当時広く認められており、本書にも記されている、頼朝にとっては「征夷」大将軍が重要な意味を持っており、征夷大将軍への就任を希望していたといった評価（一六二頁以下）や、これと関連する木曽《きそ》義仲《よしなか》が任じられた地位（一二一頁）に関連する記述は、二〇〇四年に中山忠親の日記である『山槐記《さんかいき》』の記事が新たに発見されたこと（櫻井陽子「頼朝の征夷大将軍任官をめぐって」『明月記研究』九号）により、修正されることとなった。

＊

上杉氏は本書に先立つ一九九六年に、博士論文となる『日本中世法体系成立史論』（校倉書房）を刊行しており、二〇〇三年に刊行された本書は、上杉氏にとって二冊目の単著、一般向け書籍としては一冊目の単著である。本書のあとがきによれば、執筆の依頼は二〇〇一年十二月であり、二〇〇二年度の大学での講義ノートに基づいて執筆された。本書に続き上杉氏は、二〇〇五年に『大江広元』（吉川弘文館、人物叢書）、二〇〇七年に『源平の争乱』（吉川弘文館、戦争の日本史）、二〇一一年に『平清盛―「武家の世」を切り開いた政治家―』（山川出版社、日本史リブレット人）および『歴史に裏切られた武士　平清盛』（アスキー・メディアワークス、アスキー新書）と、中世成立期に関する一般向け書籍を刊行している。

上杉氏が日本史研究を始めた時期は、一九八三年に、東国国家論と評されることになる佐藤進一氏の『日本の中世国家』（岩波書店。岩波文庫として二〇二〇年に再刊）が、黒田俊雄氏の権門体制論に対する形で刊行され、それに対する書評が数多く発表されるなど、鎌倉幕府をめぐる中世国家論が盛んに論じられた時期であった。また一九八四年には入間田宣夫氏が、鎌倉幕府成立の負の影響を強調した「守護・地頭と領主制」（歴史学研究会・日本史研究会編『講座日本歴史三　中世一』東京大学出版会）を発表し、幕府成立を社会の進歩・発展の結果ではなく、偶然の結果と位置づけた。鎌倉幕府成立史を大きく塗り替えることになる川合康氏の一連の研究の最初に位置づけられる荘郷地頭制度の成立に関する諸論文（川合康『鎌倉幕府成立史の研究』〈校倉書房、二〇〇四年〉第一部に収録）が発表されたのは一九八五・八六年である。

上杉氏の第一論文である「摂関院政期の明法家と王朝国家」が発表されたのも一九八六年であり、一九八八年の「鎌倉幕府法の効力について」以降は鎌倉幕府の法や制度に関する論文が発表されている（いずれも上杉和彦『日本中世法体系成立史論』〈校倉書房、一九九六年〉に収録）。

本書の構想の基となったのは、一九九六年十一月に発表された「日本中世の成立と鎌倉幕府の成立」（『歴史評論』五五九号）であったと思われる。同論文は鎌倉幕府成立の歴史的意義の評価のあり方の変遷を整理したものであるが、その内容は本書の終章に直接反映されている。また、同論文で上杉氏は、前述した入間田論文や、一九九六年四月に刊行された川合康氏の『源平合戦の虚像を剝ぐ』（講談社、講談社選書メチエ。講談社学術文庫として二〇一〇年に再刊）が、鎌倉幕府の成立を内乱による偶然の結果と評価したことを受けて、次のように記している。

あらためて問い直すべきであると筆者（上杉氏。西田注）が感じたのは、鎌倉幕府成立の前史を語るさいにしばしば言及され強調されてきた、平安末期の国家が置かれた閉塞状況なるものの内実である。（五七頁）

既成の国家構造の矛盾の展開から鎌倉幕府が産み出される必然性を考える余地は、依然として存在するように思われる。（五七頁）

（鎌倉幕府の成立を。西田注）長期の歴史の流れのなかに位置づけて考察する必要性を改めて強調したいと思う。（六〇頁）

これらの記述が、平安時代から叙述を始める本書の構成につながっていることは容易に推測できるであろう。また、同論文では野口実氏の『中世東国武士団の研究』（高科書店、一九九四年。戎光祥出版から増補改訂版として二〇二〇年に再刊）を挙げて、幕府成立を考える際には「荘園公領制の枠のなかでの東国武士団内部の利害対立を無視することができない」（五九頁）と記されており、幕府成立を「主に東国の在地武士団がくりひろげた自己の権益を維持発展させるための闘争の結果として」説明しようとする本書との連続性が見いだせる。

このように本書は、一九八〇〜九〇年代にかけての研究状況と、その中での上杉氏の研究の歩みを反映したものであった。

一方、本書の刊行に先立つ一九八〇〜九〇年代は、武士の成立についても、研究が大きく転換した時期であった。高橋昌明氏や元木泰雄氏らにより、東国を武士の発生の地とする従来の見方に対し、京都の朝廷内部からの武士の発生が唱えられ、京武者・軍事貴族といった概念が提出されるようになった。特に元木泰雄氏は源頼義・義家が前九年・後三年合戦で動員した武力を、河内源氏が本拠とした京都周辺の家人や、朝廷の命令によって動員したものであるとし、河内源氏と東国武士との主従関係の意義は限定的なものだったとしている（元木泰雄「十一世紀末期の河内源氏」〈古代学協会編『後期摂関時代史の研究』吉川弘文館、一九九〇年〉・元木泰雄『武士の成立』〈吉川弘文館、一九九四年〉）。しかし、本書では三六頁や五六頁に元木氏の研究に対する言及はあるものの、あまり立ち入った議論は展開されておらず、基本的に「古代以来の東国と源氏武士団の結びつき」が強調されている。この点は、本書「はじめに」にある「「わかりやすく書く」ことをめざした代償」の一つなのかもしれない。

ただし、河内源氏の京武者・軍事貴族としての立場と、その東国との結びつきは二者択一の選択肢として相反するものではあるまい。この点は、今年（二〇二二年）三月に講談社学術文庫から再刊された野口実氏の『源氏の血脈』において、野口氏が新たに「補章　「鎌倉殿」の必然性」を加え、「将門の乱の頃に活躍した武士は中央に進出して軍事貴族化したものが多く、その子孫が河内源氏や受領の郎等などとして東国に還流、在地化するというパターンもあった」（二〇九頁）とし、また「決して偶然などではなく、鎌倉を拠点とした頼朝であったればこそ、治承・寿永内乱の勝利者として、後に幕府と呼ばれるようになる国家的な軍事権力の構築が可能であった」（二一四頁）と述べていることからもうかがえる。

上杉氏が本書で強調した「古代以来の東国と源氏武士団の結びつき」を重視する視点は今なおその意義を失ってはいないのであり、今回の再刊を機に、本書が改めて多くの人々に読まれることを期待したい。

（東京大学史料編纂所准教授）

本書の原本は、二〇〇三年に新日本出版社より刊行されました。

著者略歴

一九五九年　東京都に生まれる
一九八八年　東京大学大学院人文科学研究科博士課程単位取得、文学博士
東京大学史料編纂所助手、明治大学文学部教授などを歴任
二〇一八年　没

〔主要著書〕
『日本中世法体系成立史論』（校倉書房、一九九六年）、『大江広元』（人物叢書、吉川弘文館、二〇〇五年）、『源平の争乱』（戦争の日本史6、吉川弘文館、二〇〇七年）、『鎌倉幕府統治構造の研究』（校倉書房、二〇一五年）

源頼朝と鎌倉幕府

二〇二二年（令和四）八月一日　第一刷発行

著者　上《うえ》杉《すぎ》和《かず》彦《ひこ》
発行者　吉川道郎
発行所　株式会社　吉川弘文館
郵便番号一一三―〇〇三三
東京都文京区本郷七丁目二番八号
電話〇三―三八一三―九一五一〈代表〉
振替口座〇〇一〇〇―五―二四四
http://www.yoshikawa-k.co.jp/
組版＝株式会社キャップス
印刷＝藤原印刷株式会社
製本＝ナショナル製本協同組合
装幀＝渡邉雄哉

ISBN978-4-642-07517-6

刊行のことば

現代社会では、膨大な数の新刊図書が日々書店に並んでいます。昨今の電子書籍を含めますと、一人の読者が書名すら目にすることができないほどとなっています。ましてや、数年以前に刊行された本は書店の店頭に並ぶことも少なく、良書でありながらめぐり会うことのできない例は、日常的なことになっています。

人文書、とりわけ小社が専門とする歴史書におきましても、広く学界共通の財産として参照されるべきものとなっているにもかかわらず、その多くが現在では市場に出回らず入手、講読に時間と手間がかかるようになってしまっています。歴史の面白さを伝える図書を、読者の手元に届けることができないことは、歴史書出版の一翼を担う小社としても遺憾とするところです。

そこで、良書の発掘を通して、読者と図書をめぐる豊かな関係に寄与すべく、シリーズ「読みなおす日本史」を刊行いたします。本シリーズは、既刊の日本史関係書のなかから、研究の進展に今も寄与し続けているとともに、現在も広く読者に訴える力を有している良書を精選し順次定期的に刊行するものです。これらの知の文化遺産が、ゆるぎない視点からことの本質を説き続ける、確かな水先案内として迎えられることを切に願ってやみません。

二〇一二年四月

吉川弘文館

読みなおす
日本史

日本の奇僧・快僧　今井雅晴著　二二〇〇円

平家物語の女たち 大力・尼・白拍子　細川涼一著　二二〇〇円

戦争と放送　竹山昭子著　二四〇〇円

「通商国家」日本の情報戦略 領事報告を読む　角山　榮著　二二〇〇円

日本の参謀本部　大江志乃夫著　二二〇〇円

宝塚戦略 小林一三の生活文化論　津金澤聰廣著　二二〇〇円

観音・地蔵・不動　速水　侑著　二二〇〇円

飢餓と戦争の戦国を行く　藤木久志著　二二〇〇円

陸奥伊達一族　高橋富雄著　二二〇〇円

日本人の名前の歴史　奥富敬之著　二四〇〇円

お家相続 大名家の苦闘　大森映子著　二二〇〇円

はんこと日本人　門田誠一著　二二〇〇円

城と城下　近江戦国誌　小島道裕著　二四〇〇円

江戸城御庭番 徳川将軍の耳と目　深井雅海著　二二〇〇円

戦国時代の終焉 「北条の夢」と秀吉の天下統一　齋藤慎一著　二二〇〇円

中世の東海道をゆく 京から鎌倉へ、旅路の風景　榎原雅治著　二二〇〇円

日本人のひるめし　酒井伸雄著　二二〇〇円

隼人の古代史　中村明蔵著　二二〇〇円

飢えと食の日本史　菊池勇夫著　二二〇〇円

蝦夷の古代史　工藤雅樹著　二二〇〇円

天皇の政治史 睦仁・嘉仁・裕仁の時代　安田　浩著　二五〇〇円

日本における書籍蒐蔵の歴史　川瀬一馬著　二四〇〇円

吉川弘文館
（価格は税別）